PARE DE TENTAR & SEJA AQUELE QUE FAZ
DISCIPLINA SAMURAI

Editora Appris Ltda.
1.ª Edição - Copyright© 2025 do autor
Direitos de Edição Reservados à Editora Appris Ltda.

Nenhuma parte desta obra poderá ser utilizada indevidamente, sem estar de acordo com a Lei nº 9.610/98. Se incorreções forem encontradas, serão de exclusiva responsabilidade de seus organizadores. Foi realizado o Depósito Legal na Fundação Biblioteca Nacional, de acordo com as Leis nºs 10.994, de 14/12/2004, e 12.192, de 14/01/2010.

Catalogação na Fonte
Elaborado por: Dayanne Leal Souza
Bibliotecária CRB 9/2162

S676p 2025	Soares, Antônio 　　Pare de tentar & seja aquele que faz: disciplina samurai / Antônio Soares. – 1. ed. – Curitiba: Appris, 2025. 　　217 p. ; 23 cm. 　　Inclui referências. 　　ISBN 978-65-250-7250-0 　　1. Disciplina. 2. Autoconhecimento. 3. Compromisso. 4. Desconforto. 5. Samurai. I. Soares, Antônio. II. Título. 　　　　　　　　　　　　　　　　　　　　　　　CDD – 179.9

Appris
editorial

Editora e Livraria Appris Ltda.
Av. Manoel Ribas, 2265 – Mercês
Curitiba/PR – CEP: 80810-002
Tel. (41) 3156 - 4731
www.editoraappris.com.br

Printed in Brazil
Impresso no Brasil

Antônio Soares

PARE DE TENTAR & SEJA AQUELE QUE FAZ
DISCIPLINA SAMURAI

Curitiba, PR
2025

FICHA TÉCNICA

EDITORIAL	Augusto V. de A. Coelho
	Sara C. de Andrade Coelho
COMITÊ EDITORIAL	Marli Caetano
	Andréa Barbosa Gouveia (UFPR)
	Edmeire C. Pereira (UFPR)
	Iraneide da Silva (UFC)
	Jacques de Lima Ferreira (UP)
SUPERVISORA EDITORIAL	Renata C. Lopes
PRODUÇÃO EDITORIAL	Daniela Nazario
REVISÃO	José A. Ramos Júnior
DIAGRAMAÇÃO	Andrezza Libel
CAPA	Alex Araxá
FOTO DE CAPA	Jouis Fotografia
REVISÃO DE PROVA	Alice Ramos

Tentar?
Absolutamente não!
Mas se eu não tentar como vou saber se vai dar certo?
FAZENDO!
Se vai dar certo é outra história.
Se não der certo muda a rota e faz de novo, muda a estratégia e faz de novo.
Me diga uma coisa caro leitor!?
Qual palavra te inspira mais confiança, soa mais positivamente.
TENTAR ou FAZER?
Quando você tenta, está enviando inconscientemente uma mensagem de dúvida para o seu cérebro, e como ele antropologicamente falando não gosta de gastar muita energia, não vai se esforçar muito para conquistar o objetivo.
(Antônio Soares)

O homem deve moldar o seu caminho, quando ele encontrar o caminho em tudo que fizer, ele se tornará o caminho.
(Miyamoto Musashi)

PREFÁCIO

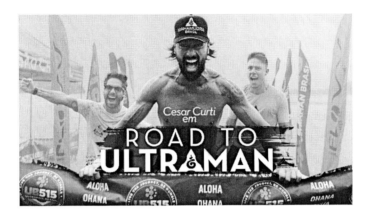

Que honra poder estar no prefácio deste livro, com o qual me identifico totalmente. Sempre me considerei um **"FAZEDOR"**. Daquele que prefere fazer, errar e talvez até se arrepender a viver com a dúvida: **como será que teria sido?**

Como um bom descendente de japoneses (sou neto), sempre admirei a cultura e os ensinamentos samurai, e não apenas os admiro como também os incluo em minha vida pessoal e profissional.

Já deixo de antemão essa grande dica aos leitores: acreditem, esses ensinamentos milenares funcionam muito bem. Não apenas em situações de batalha, mas na vida como um todo. Afinal, muitas vezes, na busca por nossos sonhos, carreira, família, parece que estamos em um grande campo de batalha, não é mesmo?!

O esporte me ensinou o poder da disciplina.

Ensinou, também, que nenhuma arte e nenhum dom se sustentam sem treino, dedicação, tempo e esforço. Seja o que for.

Como um relacionamento, como uma planta, um animal, se você não der atenção, regar, entregar carinho e energia, nada se sustenta.

Olho ao meu redor e vejo muitas pessoas "tentando". Mude a frequência, corrija a rota e **persista fazendo**, sem medo de errar.

O fazer deve ser persistente e contínuo, é assim que nos tornamos um FAIXA PRETA, é assim que você se torna um expert no que desejar.

Nessa jornada de ser um bom fazedor, ainda adolescente cumpri com minha promessa aos meus pais, de entrar em uma boa faculdade pública. Em seguida, deixei tudo para trás e fui morar no Oriente, para trabalhar como modelo, sem saber ao certo como seria, mas intuindo que seria um importante degrau para minha evolução como pessoa.

Após alguns anos, passei a me dedicar ao que mais gostava: esportes, artes marciais, desenvolvimento humano, espiritualidade. A princípio, esses temas não se correlacionavam, mas fazia sentindo dentro de mim, por isso persisti.

Após mais alguns anos "fazendo", me tornei um modelo e ator conhecido em meu meio, virei Mister Brasil, Mister Internacional, participei de três reality shows de competições internacionais, e venci um deles.

Essas e outras conquistas me deram a coragem de empreender no meu sonho, no meu método, em algo que fazia meu coração vibrar.

Foi assim que eu iniciei o movimento e o método MAHAMUDRA BRASIL, que já existe há mais de dez anos.

Contei brevemente a minha jornada profissional, pois tenho orgulho em dizer que não existe outra pessoa no mundo que percorreu o mesmo caminho. Tem algo de muito interessante nesse sentimento de autenticidade. De saber que trilhei caminhos pelos quais muitos têm medo e parariam logo após o seu começo.

Finalizo aqui este prefácio, dizendo que se você tem um sonho, não importa o quão louco ele seja, se existe um chamado no seu coração, se você consegue ver o impacto do seu projeto nas pessoas e no mundo, siga em frente.

Pare de dar desculpas a si mesmo, pare de procrastinar, acerte os passos, um após o outro. PARE DE TENTAR E SEJA AQUELE QUE FAZ!

Seja bom em dar passos. Seja bom em lidar com o desconforto. Seja bom em afiar as suas armas.

Assim faz um bom samurai, assim faz um bom FAZEDOR.

Um grande abraço e tenham todos uma linda JORNADA e uma ótima leitura!

César Curt
CEO da Mahamudra Brasil

SUMÁRIO

Capítulo único - DISCIPLINA SAMURAI

O despertar do guerreiro 13

Autoconhecimento e disciplina 23

Compromisso – registre essa palavra 29

Quem foram os samurais 35

Quem quer ser disciplinado, levante a mão 43

Visitando as trilhas da disciplina 49

O Zé Desculpinha 53

Em que momento as pessoas desistem 61

O fazedor 69

A força motriz que conduz aos resultados 83

O caminho perverso 91

Pare de tentar 97

O excesso é o mesmo que a insuficiência 105

O desleixo é o caminho do fracasso 113

A capacidade de improvisar 121

Transformando pessoas em verbos 129

Conjugando o Verbo Mandela 133

Conjugando o verbo Mahatma Gandhi 139

Conjugando o verbo Abílio Diniz 145

Qual é o seu motivo para a ação 155

O insight é rápido, a mudança leva tempo 167

Movimento é vida 175

Busque o desconforto 187

Autorresponsabilidade 195

Disciplina samurai não trabalha em meio expediente 201

Samurai *happiness* – um estilo disciplinado de ser feliz 207

Posfácio 213

Referências 215

Capítulo único

DISCIPLINA SAMURAI
O alimento daquele que faz.

O despertar do guerreiro

No dia em que coloquei pela primeira vez minha armadura não tinha noção do quanto minha vida seria impactada. E olha que isso aconteceu depois dos 30 anos, quando muitas pessoas já se consideram velhas. Hoje, escrevendo estas linhas, mais experiente, praticamente a um passo da fila preferencial, entendo perfeitamente o que aconteceu, essa é a lei da semente e da colheita, você colhe aquilo que planta, por isso continuo semeando por onde passo, ciente da minha jornada.

O tempo não senta pra negociar com ninguém, ele apenas diz "estou indo, você vem?" É um equívoco ou um tanto quanto romântica a frase "deixa a vida me levar", de autoria do grande Zeca Pagodinho. Se você vai de qualquer jeito deixando a vida te levar, também vai chegar de qualquer jeito. Você é o piloto da sua vida, ajuste seu GPS interior.

Quando iniciei a prática do karatê, muitas pessoas me olharam torto, tiraram onda e caçoaram do meu novo hobby, dizendo que era puro fogo de palha. Olha lá o Karatê Kid, onde ele vai? Hoje, entre karatê e jiu-jitsu, já se vão 30 anos de prática somados e um imensurável arcabouço de aprendizados físico, mental e espiritual. Confesso que no início foi muito desafiador e cheguei a duvidar de minha capacidade de incorporar aquele novo hábito, mas inconscientemente carregava comigo um DNA guerreiro. Sempre fui focado e teimoso, persistente, e como diz um amigo, "**eu entro no céu nem que seja amarrado**".

Segui firme minha nova jornada, uma decisão que moldaria o meu caminho e seria o divisor de águas no construto de uma nova mentalidade e disciplina samurai.

Sempre carreguei comigo um DNA favorável à disciplina, focado principalmente no trabalho, mas que precisou ser lapidado continuamente com muito esforço. Entendi que apenas talento e DNA não eram o suficiente.

A genética também faz parte dessa equação, mas é apenas um galho de uma árvore muito frondosa chamada "disciplina samurai".

Perdi meu pai aos 8 anos. Com meu irmão um ano mais velho, tivemos que ajudar nossa mãe nesse novo caminhar.

As forças das circunstâncias me ensinaram e fizeram entender mesmo que inconscientemente que não existe outra forma de moldar o caminho, a não ser caminhando, colocando a mão na massa, fazendo aquilo que precisava ser feito.

Aprendi a duras penas que a vitória era a única opção e a palavra "tentar" passava a não fazer mais sentido pra mim. **Tentar não é opção.**

Disciplina não tem idade, condição social ou contexto que não deva ser aplicada, é todo dia, toda hora, não trabalha meio expediente. Disciplina é um ato contínuo.

Várias outras tempestades se formaram pelo meu caminho, mas venci todas elas com resiliência e disciplina, características dos guerreiros samurais.

Este livro é pra quem quer ressignificar sua relação com a disciplina, buscar autoconhecimento e construir uma mentalidade diferenciada, aquela que eu chamo de **"mentalidade samurai"**. Se você tem pouco foco, é procrastinador, começa várias coisas, nada e morre na praia, esse jogo é pra você. Chegou a hora de virar o jogo. É pra quem tem apetite e busca evolução, se sente inseguro e ainda não sabe como fazer.

Também é pra você que já é, em algum nível, disciplinado e quer dar um upgrade no seu jogo. Registra aí: **"Pare de Tentar e Seja Aquele que Faz"**, com protagonismo da "disciplina samurai".

Aperte o capacete que o jogo vai começar.

Quem é você nesse rolê? Aquele que faz ou aquele que tenta?

Seja bem-vindo!

Para início de conversa, a primeira coisa que você deve registrar é que **TENTAR** não é opção, é uma palavra que deve ficar de fora do seu dicionário. Não faz sentido tentar quando você pode fazer, essa é a jornada de quem busca resultados.

"Mas, Antônio, como assim?"

Se eu não tentar, como vou saber se vai dar certo?

É exatamente assim que a maioria das pessoas pensa.

Eu lhe digo como fazer, mudando a mentalidade e **FAZENDO**! Ou você faz, ou não faz — Just Do It.

O tricampeão Ayrton Senna dizia: *"No que diz respeito ao empenho, ao compromisso, ao esforço, à dedicação, não existe meio-termo. Ou você faz uma coisa bem-feita ou não faz".*

Não existe meia-boca, mais ou menos, ou você é ou não é, ou você faz ou não faz. "Walk the talk" – fazer o que diz.

Pode até parecer a mesma coisa, mas não é. A simples intenção de "tentar" já envia uma mensagem de dúvida para o seu cérebro. A neurociência aponta esse caminho, das afirmações positivas, como neuroplasticidade. Nosso cérebro não sabe diferenciar o que é real de uma experiência.

Substitua a palavra "tentar" por sinônimos como: buscar, esforçar-se, dedicar-se, empenhar-se, que são mais auspiciosos.

Para uma mentalidade samurai, a dúvida não é opção. Diga: "**eu vou fazer, eu vou me esforçar, eu vou buscar**", uma "afirmação" que traz o sentido da vitória.

Quando um samurai diz que vai fazer alguma coisa, é como se já tivesse feito.

Se vai dar certo é outra história. Deu errado? Faz de novo, e de novo, muda a rota e faz de novo, muda a estratégia e faz de novo.

A regra é clara, você precisa estar 100% presente no processo, com foco e clareza de objetivo. Em linhas gerais, nada é garantido nessa vida, a não ser a morte, isso é fato. As chances de uma determinada coisa dar errado antes de dar certo são grandes e depende de muitas variáveis, mas faz parte da jornada.

A disciplina é o grande diferencial. Ela não permite um plano B, no máximo uma mudança de rota ou estratégia. Você só não pode querer derrubar a parede com a cabeça, porque vai se machucar.

No meio do caminho tem muitas pedras, já dizia o poeta Carlos Drummond de Andrade. *"No meio do caminho tinha uma pedra, tinha uma pedra no meio do caminho, no meio do caminho tinha uma pedra"*.

O jogo da vida é saber remover ou contornar as pedras, e a disciplina é a principal ferramenta.

No decorrer do livro você vai conhecer muitos caminhos e estratégias que se percorridos e praticados vão te ajudar a remover essas pedras e chegar ao topo da montanha, registre tudo!

A vitória é a única opção, este é um dos mantras da jornada do guerreiro. Nesse sentido, lembro-me de um grande samurai contemporâneo, **Nelson Mandela**, um líder servidor, resiliente, visionário e com habilidades inquestionáveis, fora da curva. Em uma de suas brilhantes frases ele disse: *"Eu nunca perco, ou ganho ou aprendo"*.

Como diria o professor e filósofo Mario Sergio Cortella, precisamos aprender a conjugar o verbo desses grandes líderes que deixaram valiosos legados de **disciplina**, foco, justiça, resiliência, entre outros. Verdadeiros exemplos de samurais na concepção da palavra.

Samurai significa **"aquele que serve"**. Um guerreiro servidor não tenta, ele faz. Vamos falar sobre isso um pouco mais adiante e conjugar alguns verbos necessários e importantes.

"Mas, Antônio, Nelson Mandela não usava espada, nem era japonês, por que está chamando ele de samurai?". Calma, se não entendeu nesta breve introdução, você vai entender mais adiante.

Antes de falarmos sobre a disciplina samurai e considerando que queremos nos tornar mais disciplinados, faz-se necessário ganhar consciência, conhecer o significado e trazer à luz a disciplina ou como a sociedade a convenciona.

Especialistas definem disciplina como sendo a obediência ao conjunto de regras e normas que são estabelecidas por um determinado grupo. Também pode se referir ao cumprimento de responsabilidades especificas de cada pessoa. Do ponto de vista social, a disciplina ainda representa a boa conduta do indivíduo, ou seja, a característica da pessoa que cumpre as ordens existentes na sociedade.

Nesse aspecto, o antagônico da disciplina é a indisciplina, quando há a falta de ordem, regra, comportamento ou de respeito pelos regulamentos ou padrões estabelecidos.

Manter a disciplina ainda está relacionado com o ato de ser constante, consistente, ou seja, se dedicar no cumprimento de determinada tarefa para o alcance de um objetivo final.

Nesse construto, podemos dizer que **disciplina é a semente e fonte geradora dos resultados**. Em tudo que nos propomos a fazer precisamos de disciplina.

Em uma análise mais profunda, podemos afirmar que até pra ser indisciplinado, precisamos de disciplina, pois, cá pra nós, saber o que precisa ser feito e não fazer é um ato de muita disciplina, ou seria indisciplina? Paradoxal, não é mesmo? Talvez, mas se você sabe que tem que fazer determinada coisa e não faz, a pessoa é de certa forma disciplinada por saber e não fazer, e indisciplinado pelo mesmo motivo — merece reflexão!

A indisciplina é um dos caminhos perversos, definição de um dos maiores samurais do Japão feudal, Miyamoto Musashi, que viveu entre 1584 e 1645. Falaremos um pouco mais adiante sobre o caminho perverso.

Ser disciplinado é sem dúvida o melhor dos mundos, um cenário perfeito para qualquer realização, um sonho de consumo, eu diria, mas factível a qualquer pessoa.

Dificilmente uma pessoa terá resultados sustentáveis e sucesso sendo indisciplinada. O caminho da disciplina não é bicho de sete cabeças, porém muito desafiador, e se não fosse, não teria graça, não seria disciplina, seria "disci-fácil". É um caminho que não permite atalhos e não está no aconchego do edredom, mas na zona de desconforto, lá onde a coruja dorme (gíria do futebol), nas trincheiras do campo de batalha. Requer predicados que nem todo mundo tem, mas que qualquer pessoa pode desenvolver e conquistar.

É um grande equívoco pensar que ser disciplinado é uma tarefa fácil só porque você sabe o que tem que fazer. **Existe uma longa distância entre o saber e o fazer**.

A disciplina é treinável e, assim como um músculo, deve ser estimulada e praticada todos os dias, podendo se tornar uma grande aliada e fio condutor de sucesso. Da mesma forma, se você a desprezar pode se virar contra você, se tornando um inimigo indesejado, neste caso, a indisciplina.

Disciplina não é facilidade, tampouco aquele monstro que o Zé Desculpinha inventou. Esqueça essa crença, busque afiar a sua espada todos os dias e vá pra trincheira, busque o desconforto e **desafie-se**!

Se coloque na linha de frente do campo de batalha, que é o único lugar que vai te levar para um próximo nível, em que você tem duas opções: ou você faz ou será derrotado. É onde **a onça vai beber água**, não tem espaços para desculpas ou justificativas.

Registre aí e **seja aquele que faz!**

Conta-se que Take, um jovem discípulo, veio inquirir seu mestre:

— Mestre, como posso encontrar o caminho?

O *sábio mestre* samurai prontamente respondeu:

— Apenas caminhe, a existência é uma peregrinação em que cada passo é o destino, é o caminho. *É caminhando que se faz o caminho.* E o caminho se revela por meio de cada passo e da disciplina.

— E o que é a disciplina? — perguntou o discípulo.

O mestre pegou uma folha caída e a segurou contra a luz do sol

— A disciplina é como esta folha, leve, mas firme. Pratique ações diárias com intenção e constância e o caminho se revelará.

Muitas pessoas buscam uma fórmula pronta para seguirem suas jornadas, atalhos que podem até funcionar por algum tempo, mas não se sustentam. Isso é reflexo da falta de disciplina e de coragem de sair da zona de conforto.

O aprendizado da história de Take é que o caminho se revela pela prática diária, ou seja, a disciplina. Ela não é uma imposição rígida, mas uma prática leve e firme que, quando cultivada com paciência e consistência, guia a pessoa na direção certa e traz clareza ao seu propósito.

Ponto de reflexão!

1. Quais passos concretos você pode tomar para despertar o guerreiro adormecido dentro de você, transformando sua determinação e coragem em ações que impulsionem seu crescimento pessoal e profissional?
2. Se você despertar o seu guerreiro adormecido, o que pode acontecer?
3. Descreva seus valores pessoais e como eles podem te ajudar a despertar o guerreiro adormecido.
4. Como a disciplina e a resiliência podem ajudar a manter o guerreiro interior ativo e forte, mesmo diante de desafios e adversidades que surgem ao longo da jornada?

O homem que não se desafia não evolui.

Autoconhecimento e disciplina

Em um mundo cada vez mais acelerado e cheio de distrações, encontrar o equilíbrio entre autoconhecimento e disciplina se torna uma tarefa essencial para alcançar uma vida plena e significativa. O autoconhecimento nos oferece um mapa interno, revelando nossos valores, paixões e áreas que precisam de pavimentação e desenvolvimento. Já a disciplina atua como veículo que nos guia ao longo desse mapa, ajudando-nos a transformar intenções em ações e sonhos em realidade.

O autoconhecimento é uma das principais ferramentas que fomentam as trilhas da disciplina. Importante pilar na construção das habilidades e desenvolvimento do ser humano em qualquer área, inclusive da felicidade. Alicerce na formação do indivíduo, ele alimenta a disciplina em um diálogo contínuo e nos dá a cartilha de quem realmente somos.

Se você não se conhece e não tem clareza de seus objetivos, dificilmente vai se conectar a um propósito que faça sentido, e nessa tocada não vai ter disciplina. Nesse sentido, podemos dizer que sem autoconhecimento você não constrói um propósito, e dificilmente será disciplinado.

Os samurais sabiam disso desde sempre. Conhecer seus inimigos era muito importante, mas conhecer a si mesmo era determinante para vencer e ter sucesso em qualquer missão que se propusesse a fazer. Os samurais desenvolviam várias habilidades e estavam sempre se aperfeiçoando e buscando uma melhor versão de si mesmo.

O autoconhecimento e a disciplina sempre permearam a jornada do samurai, se destacando como fortes características.

Destemidos e acima da média, eles também buscavam conhecer seus adversários e eram especialistas naquilo que faziam. Essa talvez seja uma das razões de terem se tornado os guerreiros mais difíceis de enfrentar.

Conhecer a si mesmo, seus concorrentes e adversários é um grande diferencial.

Muitas pessoas confundem conhecimento com autoconhecimento. O conhecimento é tudo aquilo que captamos e absorvemos por meio dos livros, graduações, cursos, palestras, vídeos, entre outros. É um caminho que sempre devemos buscar, nas mais variadas fontes. Conhecimento é manter acesa a chama do espírito *Shoshin*, um conceito japonês que significa "mente de aprendiz".

Já o autoconhecimento nada mais é que conhecer a si mesmo. Isso acontece quando olhamos para dentro, quando conhecemos nossos sentimentos, nossas luzes e sombras. O autoconhecimento possibilita o indivíduo se enxergar como realmente é, sem filtros, e não quem pensa que é ou como os outros pensam que somos.

Trocando em miúdos, quer dizer que a pessoa tem clareza de si mesmo, e com isso consegue gerenciar melhor suas emoções e atitudes diante das circunstâncias do dia a dia. Se conhecer faz toda diferença para atingir seus objetivos, pois permite identificar seus pontos fortes e pontos fracos e com isso enxergar as oportunidades e ameaças.

Quando você se conhece de verdade, reconhece seus talentos, suas crenças e seus medos, potencializando as chances de ser disciplinado. **Reconhece aquilo que procura quando encontra**. Dificilmente vai desistir de suas metas e objetivos, tampouco abandoná-las pelo caminho.

O autoconhecimento vai permitir entender os motivos por trás da ação, por que aquilo que você faz é importante.

O grande Samurai Miyamoto Musashi enfatizava aos seus discípulos e leitores *em O livro dos cinco anéis*: "nunca permita uma ação incompleta".

O autoconhecimento, assim como a disciplina, é um movimento contínuo e principal combustível do espírito Shoshin, condição básica para se tornar disciplinado.

Shoshin é um conceito oriental que significa mente e espírito de aprendiz. É a capacidade de manter-se apto para perceber, receber e adquirir conhecimento de forma contínua e abundante. Provavelmente um dos posicionamentos mentais mais importantes que todo aprendiz deva cultivar e um dos principais pilares da filosofia taoísta e do zen-budista.

É compreender que sempre haverá algo novo para aprender com os mestres, com os mais novos, com a vida, e especialmente consigo mesmo, e que se manter nesse estado é deixar a mente livre para o conhecimento e o coração aberto à humildade e gratidão.

Alcançar o espírito *Shoshin* é ser capaz de "dar um passo atrás" e olhar a floresta sem perder de vista uma árvore sequer. É entender que tudo aquilo que temos e somos, seja lá o que for, a posição social ou liderança que ocupamos, o dinheiro que ganhamos, ou o sucesso que temos, que tudo isso se deve a cada uma das lições e das pessoas que recebemos em nossas vidas.

A disciplina está intrinsicamente relacionada com o autoconhecimento e a nossa capacidade de absorver conhecimento.

Você se conhece de verdade?

Você já conversou com o silêncio?

Não?

Então arraste pra dentro.

Registre aí e **seja aquele que faz!**

Ponto de reflexão!

1. Quais são seus principais pontos fortes e pontos fracos?
2. Quantos e quais livros você leu e quantos cursos você fez nos últimos 12 meses?

3. Qual foi a última vez que se desafiou de verdade? Fale sobre os aprendizados desse desafio.

4. Como o aprofundamento do autoconhecimento pode ajudar a identificar e estabelecer metas mais alinhadas com seus valores e propósitos de vida, e de que maneira a disciplina pode ser utilizada para alcançar essas metas?

5. Quais práticas diárias você pode adotar para cultivar o autoconhecimento, garantindo que suas ações estejam sempre em harmonia com sua verdadeira essência e objetivos?

Quer saber o sentido da vida? Arrasta pra dentro.

Compromisso – registre essa palavra

Hiroshi sempre foi conhecido por sua generosidade, determinação e dedicação, qualidades que o destacavam desde jovem em sua cidade natal. Filho de um agricultor e uma professora, ele aprendeu desde cedo o valor do trabalho árduo, do compromisso e da educação. Foi na adolescência que Hiroshi compreendeu e internalizou melhor o poder transformador do compromisso.

Aos 16 anos, Hiroshi tomou uma decisão que mudaria o curso de sua vida, ele se comprometeu a ser o primeiro de sua família a frequentar a universidade. Não era apenas um sonho, mas um compromisso firme e inabalável. Em uma casa em que os recursos eram escassos e as responsabilidades abundantes, essa meta parecia quase inalcançável. No entanto, Hiroshi tinha uma determinação de um samurai e uma visão clara de seu futuro.

Durante os anos do ensino médio, ele dividiu seu tempo entre os estudos e o trabalho na fazenda da família. As madrugadas começavam antes de o sol nascer, com tarefas árduas no campo, e as noites terminavam tarde, com horas dedicadas aos livros e ao aprendizado. Cada dia era um teste de sua resolução, mas Hiroshi sabia que o verdadeiro compromisso exigia sacrifícios contínuos e uma dedicação incansável.

Seus professores notaram sua dedicação e frequentemente lhe ofereciam apoio extra, orientando-o em matérias complexas e ajudando-o a preencher formulários de bolsa de estudos. Os amigos admiravam sua disciplina, mas poucos compreendiam completamente a profundidade de seu compromisso.

A disciplina, o esforço e o compromisso moldaram o caminho de Hiroshi, que mesmo diante dos desafios e dificuldades permaneceu firme em sua promessa, tanto para si como para sua família. A história de Hiroshi é um testemunho poderoso de que o verdadeiro compromisso não é apenas sobre alcançar objetivos, mas sobre a transformação pessoal e a força interior que se desenvolve ao longo do caminho.

Por meio de sua história, refletimos sobre a natureza do compromisso e o impacto profundo que ele pode ter em nossas vidas. O compromisso de Hiroshi não era apenas com a educação, mas com a construção de um futuro melhor, um futuro que sabia que merecia e estava disposto a lutar para alcançar.

Prepare-se para ser inspirado por sua dedicação e aprender como o compromisso pode ser a chave para desbloquear nosso pleno potencial e realizar nossos sonhos mais ambiciosos.

Parabéns, Hiroshi!

Significado da palavra "compromisso"

A palavra compromisso vem do latim *compromittere*, que une *com*, que significa junto, e *primotterre*, que é prometer. Seria então um acordo com outra parte, uma promessa mútua. Compromisso é a forma, pública ou não, de se vincular, assumir uma obrigação com algum objetivo. Essa obrigação pode ser com você mesmo, ou envolver outras pessoas.

Ponto central e advindo do *Budô* e do *Bushido*, código de conduta dos samurais, **o compromisso** sempre foi uma forte característica desses guerreiros, um diferencial quando o assunto é disciplina e resultado.

"Quando um Samurai dizia que ia fazer alguma coisa, era como se já tivesse feito" (Miyamoto Musashi – O Livro dos Cinco Anéis).

Eventualmente podemos falhar em algum compromisso por diversas razões, não é o fim do mundo, acontece. Contudo, quando assumimos um compromisso e não cumprimos, é desejado que seja por uma boa causa e devidamente justificado. Se marco um almoço com um amigo e não consigo ir, é minha obrigação avisar e justificar com antecedência por não poder comparecer. Isso vale pra uma reunião, treino, trabalho e qualquer compromisso assumido e não honrado, inclusive comigo mesmo.

Falhar continuamente com seus compromissos **não é apenas um ato de indisciplina** e desleixo, é um desrespeito, uma mensagem negativa que você envia ao cérebro mostrando a sua incapacidade, o que acaba se tornando um padrão, ficando assim sem credibilidade.

Um samurai jamais assumia um compromisso se não tivesse a intenção de cumpri-lo, nada podia detê-lo.

No Japão feudal, em muitos casos, se por algum motivo um samurai falhasse em uma missão, chegava a cometer o ritual suicida chamado de *haraquiri* ou *seppuku*, que era uma forma de restaurar sua honra. Para um samurai o compromisso era questão de honra. Essa crença era que tirando a própria vida lhe devolveria a honra. Esse extremo de conduta demonstra claramente o valor que eles, os samurais, davam ao compromisso.

Obviamente não estou sugerindo que ninguém pratique esse ritual, estou apenas enfatizando o valor que eles davam ao compromisso. Esse é um contexto temporal e cultural de séculos atrás, não fazendo nenhum sentido nos dias de hoje, mas em termos de princípios e valores, continua valendo.

Este é apenas um dos ensinamentos que os samurais nos deixaram como legado, **o valor ao compromisso**.

Compromisso remete à **"honra",** um dos princípios do *Bushido*, seu código de ética e conduta.

Para um Samurai, as escolhas que você faz e como trabalha para obtê-las é um reflexo de quem você realmente é. Você não pode se esconder de si mesmo. Honra é o reflexo de nós mesmos. Quando você é uma pessoa disciplinada, você honra seus compromissos.

Hoje em dia é muito comum as pessoas se comprometerem com as outras da boca pra fora, mas já sabendo que não vão cumprir.

Substitua palavras de dúvida por afirmações positivas e entregue o seu melhor, honrando seus compromissos.

Nenhuma mentoria, curso, método ou fórmula vão funcionar e trazer resultados se você não tiver compromisso. Tudo começa de dentro para fora, o compromisso começa com você.

Se você diz que vai fazer, faça. Se disser que vai treinar três vezes por semana, treine no mínimo três, não treine menos. Corra um quilometro a mais, faça 20 flexões a mais, 20 agachamentos a mais, 30 chutes a mais, nunca menos. Entregue sempre mais — **Overdelivery!**

Mostre para seu cérebro quem manda e está no comando.

Você pode até perder para um adversário, perder ou ganhar faz parte. Mas perder para você mesmo é a pior derrota que você pode sofrer e uma demonstração de fraqueza, uma desonra pessoal.

Crie o intuito de esforço e disciplina.

Registre aí e **seja aquele que faz!**

Ponto de reflexão!

1. Quais são os compromissos inegociáveis que você tem consigo mesmo e como costuma organizar sua agenda para cumpri-los?

2. Como a dedicação e o compromisso de Hiroshi para alcançar seu objetivo de ser o primeiro de sua família a frequentar a universidade podem inspirar você a definir e perseguir suas próprias metas, mesmo diante de desafios e sacrifícios?

3. Você já falhou em um compromisso muito importante e como fez para contornar a situação (com você mesmo ou terceiros)? Quais foram os aprendizados?

*Nenhum método, código ou fórmula vai funcionar se você não tiver compromisso.
Se você perder pra você mesmo, vai ganhar de quem?*

Quem foram os samurais

Os samurais estão entre os melhores exemplos de disciplina de todos os tempos e continuam inspirando pessoas no mundo todo até hoje por meio de seu código de conduta, o *Bushido*. Samurai significa **aquele que serve**, logo, sua maior função como guerreiro era servir ao imperador e aos senhores feudais do Japão antigo.

Eles foram os cavaleiros do Japão medieval, guerreiros implacáveis e destemidos, que estiveram no poder ou ao lado daqueles que controlavam o poder por muitos séculos. Mestres da espada e da guerra, eram considerados os adversários mais difíceis de enfrentar, estavam o tempo todo se desafiando, na zona do desconforto e no campo de batalha. Extremamente disciplinados e corajosos, eles não temiam absolutamente nada, para eles, era preferível a morte à desonra. A desonra manchava toda a família, uma vergonha que nenhum samurai conseguia suportar.

Destacavam-se também pela grande variedade de habilidades que desenvolviam longe dos combates. Eles se dedicavam em várias áreas e se tornavam especialistas naquilo que faziam.

Os samurais sabiam amar tanto a arte da espada (*Kenjutsu*, *Iaijutsu*), a arte do chá (*Chanouyu*), e a arte dos arranjos florais (*ikebana*), como outras artes. Muitos eram exímios poetas, escritores, pintores, escultores, entre outros.

Com sua espada, um samurai era capaz de cortar delicadamente uma folha de uma roseira sem danificar a flor, bem como eliminar seu inimigo, cortando sua cabeça com apenas um golpe.

Eles seguiam um código de conduta muito rígido chamado **Bushido**, que para eles tinha mais força que as próprias leis do Japão. Esse código era composto de sete princípios: **justiça, compaixão, coragem, respeito, honestidade, honra e lealdade**. Esses princípios eram norteadores de vida desses guerreiros e por meio deles, eles serviam. **Servir era literalmente o caminho do guerreiro.**

Ainda hoje o **Bushido** é referência da cultura nipônica e do cotidiano empresarial japonês como um código de ética para empresários e colaboradores.

Grupos como Mitsubishi, Mitsui e Sumitomo, três dos maiores conglomerados japoneses, foram fundados por famílias de samurais e são norteados pela cultura e filosofia samurai na gestão de seus negócios.

Esses guerreiros tinham um estilo de vida permeado pela **disciplina**, que combinava **conduta irrepreensível, forte treinamento e aperfeiçoamento contínuo**.

O compromisso, **a disciplina** e todos os princípios do **Bushido** são virtudes extremamente importantes e valorizadas pelo povo japonês, inclusive nas organizações. Trazem uma clara noção entre o certo e errado. São fontes de inspirações na busca pelo desapego aos vícios da vida mundana e corporativa, servindo de referência para o mundo, em que, embora a concorrência seja grande e muitas vezes desleal, a batalha do dia a dia pela sobrevivência exige cada vez mais, líderes e pessoas preparadas.

É importante observar que o código de conduta dos samurais enfatiza o caminho e não o destino final ou o resultado.

Trilhar a verdadeira jornada é, de certo modo, tão ou mais importante do que alcançar o resultado pretendido, até porque, no entendimento dos samurais, de nada adiantaria conquistar esse objetivo perdendo-se a honra durante essa conquista.

Miyamoto Musashi, um dos samurais mais conhecidos e famosos de todos os tempos, autor de *O livro dos cinco anéis*, um clássico sobre a arte do combate e estratégia, semelhante ao *Arte da Guerra*, escrito pelo filósofo chinês Sun Tzu, foi adotado por muitos executivos como livro de cabeceira. Suas estratégias de guerra foram adaptadas e usadas no meio corporativo.

Em um dos trechos do seu livro, Musashi diz o seguinte: "Um Samurai não dá passos largos", neste contexto, ele faz menção ao equilíbrio. Ao dar passos largos, o samurai podia perder a base, e isso seria fatal, corria o risco de perder o equilíbrio e ser derrotado. No mundo corporativo e na vida cotidiana, pode acontecer a mesma coisa.

Para cada caminho percorrido há um passo diferente, um ritmo diferente. Em se tratando especificamente da arte do combate, ela somente será assimilada com muito treino e disciplina.

Na sociedade atual e em tudo que nos propomos a fazer, precisamos de **disciplina e ritmo certo** aliado a **princípios e valores** que vão determinar os nossos resultados.

No caminho dos negócios há um ritmo que faz alguém ficar muito rico, assim como há um ritmo que pode fazer um milionário entrar em ruína.

O empreendedorismo e o *Bushido*

O *Bushido* é o código de conduta dos samurais, este código não só moldava suas habilidades de combate, mas também sua disciplina, lealdade, coragem e busca pela perfeição. Da mesma forma, **o empreendedorismo**, quando visto sob a luz do *Bushido*, revela uma jornada que exige um conjunto similar de valores, a saber:

Disciplina e resiliência

Assim como os samurais treinavam incessantemente para aprimorar suas habilidades e se preparar para qualquer desafio, os empreendedores devem desenvolver uma disciplina rígida para enfrentar as constantes adversidades do mercado. A resiliência é essencial; tanto o samurai quanto o empreendedor precisam se levantar após cada queda, aprender com os erros e continuar lutando por seus objetivos.

Coragem e riscos

Os samurais eram conhecidos por sua coragem em batalha, prontos para enfrentar inimigos temíveis e proteger sua honra e seu território. No mundo dos negócios, os empreendedores demonstram essa mesma coragem ao assumirem riscos calculados, investir em novas ideias e desafiar o status quo. A capacidade de agir mesmo diante da incerteza é um traço compartilhado por ambos os caminhos.

Lealdade e ética

A lealdade era um princípio central do *Bushido*. Os samurais eram leais a seus senhores, ao imperador, a suas famílias e seus princípios. No empreendedorismo, a lealdade se traduz na fidelidade à visão e missão da empresa, na integridade com clientes e parceiros, e no compromisso com a ética de trabalho sólido. A construção de um negócio sustentável exige um compromisso ético inabalável e uma dedicação à criação de valor genuíno.

Busca pela perfeição

O conceito do *Kaizen* de melhoria contínua estava no coração do *Bushido*. Os samurais buscavam constantemente aperfeiçoar suas técnicas e habilidades. Analogamente, os empreendedores devem adotar essa mentalidade de melhoria contínua, sempre buscando maneiras de inovar, otimizar processos e melhorar seus produtos e serviços. Essa busca incessante pela perfeição é o que distingue os empreendedores de sucesso.

Visão e estratégia

Os samurais não apenas lutavam; eles também eram habilidosos estrategistas e planejavam cada movimento com precisão. Da mesma forma, os empreendedores precisam ter uma visão clara de futuro e desenvolver estratégias detalhadas para alcançar seus objetivos. A capacidade de planejar, prever desafios e adaptar-se às mudanças é crucial para o sucesso em ambos os campos.

A jornada de um empreendedor pode ser comparada a um samurai, guiado pelo *Bushido*. Ambos trilham um caminho repleto de desafios, em que disciplina, coragem, lealdade, busca pela perfeição e visão estratégicas são fundamentais. Ao adotar princípios do *Bushido*, os empreendedores podem não apenas alcançar sucesso, mas também construir legados duradouros e impactantes. O caminho do guerreiro, assim como o caminho do empreendedor, é uma viagem de autoconhecimento constante e dedicação inabalável aos seus ideais.

Registre aí e **seja aquele que faz!**

Ponto de reflexão!

1. Sobre os sete princípios do *Bushido* — código de conduta dos samurais: **justiça, coragem, compaixão, respeito, honestidade, honra e lealdade** —, escreva sobre a sua percepção de cada um deles aplicado na sua vida cotidiana e no ambiente corporativo.

2. De que maneira a busca pela perfeição contínua, inspirada pelo conceito de *Kaizen*, pode influenciar a inovação e a melhoria dos produtos ou serviços por sua empresa?

_____
_____
_____
_____
_____
_____
_____
_____

"Para cada caminho percorrido, um passo diferente".
(Musashi)

Quem quer ser disciplinado, levante a mão

Disciplina é uma escolha.

Passa-se um risco no chão, de um lado ficam os "disciplinados", do outro os "indisciplinados" ou "Zés desculpinhas".

Pergunto:

Quem quer ser disciplinado?

A resposta parece óbvia, e é todo mundo quer ter resultados positivos, ter sucesso, ser aquela pessoa focada, disciplinada e, no final das contas, feliz. Este seria o melhor dos cenários, não é mesmo!? Mas existem alguns entretantos nessa equação. É fato que, se fizermos uma enquete, todo mundo vai levantar a mão e dizer "eu quero ser disciplinado", outros vão até dizer que já são disciplinados. Tudo depende dos dependes.

Só tem uma coisa, querer não é o bastante. Pra tudo na vida, **existe um preço a pagar**, uma cadência e um ritmo.

Agora vou mudar a abordagem e fazer outra pergunta, vejamos:

Quem quer pagar o preço para ser disciplinado?

Nesse contexto, a coisa muda de figura. Você pode até duvidar e está tudo bem, questionar com responsabilidade é sempre saudável. Vamos refletir sobre isso?

Quando temos que pagar um preço, a conversa muda. Tem um ditado que diz o seguinte: "quando é de graça, as pessoas não costumam valorizar", e particularmente acho que faz muito sentido. Nem todo mundo está disposto a pagar um preço, e por outro lado não valorizam o que tem de graça. Um exemplo disso é a dádiva e a benção que é viver, você não paga nenhuma prestação mensal para estar vivo. Você é grato por sua vida? Muitas pessoas preferem ficar do lado dos indisciplinados, pode acreditar. Parece brincadeira, mas é a mais pura verdade.

Sabe por quê? Porque ser indisciplinado é o jeito mais fácil, não dá trabalho! Nosso cérebro gosta de facilidades. É só ficar de boa, no quentinho, na zona de conforto em que está ruim, mas está bom, pois ali não se corre maiores riscos, conheço a área e já me acostumei, assim pensam essas pessoas.

Dessa maneira, elas têm mil e uma desculpas prontas para justificar sua inércia. Elas são especialistas em contar historinhas para convencer os outros e a si próprio, que está tudo bem.

Pra ser infeliz e indisciplinado é muito fácil, é só cruzar os braços e reclamar, se lamentar o tempo todo. Essa é a principal narrativa dessas pessoas, reclamar o tempo todo, de Deus e todo mundo. Elas são disciplinadas quando o assunto é reclamar. Uma desculpa aqui, outra ali, a culpa é sempre de alguém; do pai, da mãe, do prefeito, do governador, do marido, da esposa, do namorado, da namorada, do professor, do reitor, do patrão, do pastor, da guerra, da crise, do presidente, da covid, até do cachorro, e por aí vai.

A culpa é de todo mundo, menos delas, porque simplesmente não querem **pagar o preço,** preferem terceirizar a responsabilidade e continuar com a sua narrativa vitimista.

Muitas pessoas que escolhem o lado dos infelizes e indisciplinados preferem ficar se fazendo de vítimas e mal-amadas. São negativistas na essência. "Ninguém me ajuda, ninguém me ama, ninguém gosta de mim, ninguém me entende". Este é o discurso de quem não quer pagar o preço. Pra cada solução que você apresentar, ela tem uma desculpa.

Mas não precisa ser assim, você pode mudar esse *status quo*.

Devemos entender que existe uma lei universal que se chama livre arbítrio. Nela, você pode transitar de um lado para o outro, ela diz que a gente só cresce e evolui se quiser, para isso **precisamos fazer escolhas.**

Ter disciplina é uma delas. O seu resultado será conquistado exatamente na proporção de seu esforço e disciplina.

Você não depende de ninguém para ser feliz e disciplinado, esse é uma tarefa que só depende de você. Independentemente de como você enxerga a construção de sua disciplina e felicidade, ela vai depender sempre de suas ações e atitudes. O ponto é o seguinte, você tem que parar de contar historinhas e dar desculpas. Tem que ir pra trincheira e fazer o que precisa ser feito.

Disciplina é uma escolha, não é meio expediente ou fazer apenas um dia, uma semana ou um mês, é você fazer todo dia. Ela deve ser imposta todos os dias e renovada, retroalimentada. Para você ganhar músculos não tem que treinar todos os dias? Com a disciplina é a mesma coisa.

"E como faço isso, Antônio?"

Só existe uma forma de fazer, é fazendo. Se colocando na linha de frente do campo de batalha, indo pra dentro da trincheira.

Registre aí, pare de reclamar e **seja aquele que faz!**

Ponto de reflexão!

1. Todos nós temos objetivos, metas de curto, médio e longo prazo. Liste seus objetivos e suas ações nessa direção, ou seja, o que você está fazendo hoje para atingi-los?

2. Resgate um ou mais acontecimentos do passado que foram muito desafiadores e que você precisou de muita resiliência e disciplina para enfrentá-los, e relacione as ações que possibilitaram sua vitória. O objetivo desse exercício é usá-lo como âncora para acontecimentos futuros.

3. Como você pode medir e avaliar seu progresso na jornada para se tornar uma pessoa mais disciplinada?

_____

_____

_____

_____

_____

_____

_____

_____

O seu resultado será sempre na justa medida de seu esforço, entrega e disciplina.

Visitando as trilhas da disciplina

A essa altura você já entendeu um pouco do jogo, do significado e da importância da disciplina em tudo que se propõe a fazer. Agora vamos fazer uma visita em um nível mais profundo no universo da disciplina, mexer com quem está quieto, como diria minha mãe, e incomodar a consciência.

Para você construir novas trilhas pautadas em disciplina, foco e compromisso, eu quero propor um exercício. Que você revisite sua jornada e todos os caminhos percorridos até aqui, independentemente do contexto afetivo, profissional ou temporal.

Mas, vou logo avisando, esteja preparado, respire fundo, que esse exercício pode ser um pouco desconfortável e até doer, e a proposta é essa mesmo, incomodar.

Pegue uma folha em branco e a divida em duas partes:

- Do lado esquerdo, você vai escrever tudo que perdeu ou deixou de conquistar até hoje por falta de disciplina. Escreva tudo, tudo mesmo, ou pelo menos tudo que lembrar. Tudo que bateu na trave, conquistou pela metade e deixou a desejar. Tudo que deu ruim ficou no papel e poderia ser diferente, enfim, estou falando de tudo mesmo, físico, afetivo emocional, financeiro, espiritual e em todas as áreas da sua vida, pessoal ou profissional. Se uma folha não for suficiente, pegue outra, mas seja o mais sincero possível.

Comece pelo espaço **"Ponto de reflexão"** a seguir.

- Do lado direito, você vai escrever tudo que pode conquistar, tudo que pode construir com uma nova versão de si mesmo a partir de hoje, se escolher ser uma pessoa disciplinada.

Mas entenda que escolher só não é o bastante, você tem que agir em direção a sua escolha.

O objetivo desse exercício é trazer luz, uma reflexão sobre seu nível de disciplina, compromisso e seus impactos na vida cotidiana, sobre tudo que aconteceu e pode acontecer daqui pra frente.

Quem é você nesse rolê?

Registre aí e **seja aquele que faz!**

Ponto de reflexão!

1. Liste tudo que deixou de conquistar e perdeu até hoje por falta de disciplina.
2. Liste tudo que pode conquistar de hoje em diante se tiver mais disciplina.
3. Quais práticas têm sido mais eficazes para você manter a consistência e o foco nas trilhas da disciplina?
4. Quais são os maiores desafios que você encontrou nas trilhas da disciplina e como você os superou?

_____
_____
_____
_____
_____
_____
_____
_____

*A disciplina pode ser sua grande aliada ou seu pior inimigo.
Quem é você nesse rolê?*

O Zé Desculpinha

Conta-se que um personagem carismático chamado Zé Desculpinha vive feliz em um lugar muito comum e aconchegante, chamado zona de conforto, onde está bom, mas está ruim, tipo "deixa a vida me levar, vida leva eu". Mas ele se acostumou e está conformado, se sente de certa forma seguro.

O Zé é um sujeito boa praça, não costuma fazer mal pra ninguém, a não ser para ele mesmo, justamente pelo fato de ficar ali no seu cantinho, fantasiando e acreditando nas suas histórias, estagnado nesse lugar. Não gosta de se arriscar e de aprender coisas novas, e quando começa, desiste logo. Acha difícil, complicado, não tem tempo, acredita que não tem capacidade, tem preguiça, fica ansioso e com medo.

Certa vez ele começou a fazer um curso de teclado pela internet, parcelou esse curso em 12 vezes no cartão e iniciou todo empolgado. No fim da segunda semana ele abandonou e não quis mais fazer. Perguntado por que tinha deixado o curso, ele argumentou que já estava há duas semanas estudando e ainda não tinha aprendido nada, "aquele curso era fraco e não ensinava nada", ele disse. Apesar de gostar muito de música e teclado, avaliou que o método do curso não atendeu às suas expectativas, por isso não aprendia.

Pouco tempo depois, ele se matriculou em uma academia, pagou um pacote de seis meses e começou a fazer musculação e exercícios funcionais, com o objetivo de trincar a barriga e ganhar músculos, disse que mudaria seu estilo de vida. Na primeira semana começou com tudo e treinou cinco dias, todo empolgado.

Na segunda semana manteve o ritmo, na terceira semana faltou um dia, na quarta semana treinou três dias e na semana seguinte dois dias, depois não apareceu mais.

"Oh, Zé, por que você não está indo mais na academia, menino?", perguntou sua mãe. "Essa academia é muito ruim, mãe, esses instrutores não sabem nada, tem um mês que estou malhando lá e ainda não vi nenhum resultado, minha barriga nem começou a trincar, vou procurar outra academia e comprar alguns suplementos que me disseram que são muito bons pra ganhar massa muscular".

Estatísticas apontam que 64% das pessoas que se matriculam nas academias deixam de frequentar ao final de três meses (ACAD Brasil - Associação Brasileira de Academias).

Pedro, seu amigo, vive chamando o Zé para correr pela manhã, antes do trabalho, mas ele diz que não consegue acordar às 5 horas, é muito cedo. Os amigos do trabalho sempre convidam o Zé para assistir a palestras, participar de imersões, workshops e ele sempre tem uma desculpa pronta. Às vezes diz que vai e não aparece e quando vai, chega atrasado ou só vai bater o ponto.

Toda virada de ano o Zé faz uma lista de promessas e estabelece uma série de metas que não saem do papel. Diz que vai começar a praticar uma atividade física, cuidar de sua saúde física e mental, vai emagrecer, parar de fumar, comprar livros interessantes e ler um livro por mês, apesar de sua estante estar cheia de livros que não passam do primeiro capitulo, quando muito.

O que será que acontece com o Zé? Por que ele começa e desiste, nada e morre na praia? Não consegue cumprir suas promessas e honrar os compromissos assumidos. Motivação ele até tem, mas não é uma motivação intrínseca, é aquela motivação rasa que vem com a boiada. Fica evidente que falta ao Zé uma coisa fundamental que é a disciplina ou autodisciplina, como preferir, além de foco, constância, paciência e persistência.

O Zé Desculpinha é muito bom mesmo em dar desculpas, em contar historinhas, buscando justificar sua falta de compromisso em fazer acontecer. A lente do seu mindset só consegue enxergar o que é confortável para ele, é o que nosso cérebro ancestral quer, conforto. A culpa é do professor, do curso, do método, de todo mudo, menos dele.

Ele sabe o que tem que ser feito, conhece os caminhos que precisa percorrer, mas quando começa a ficar difícil e causar desconforto, ele arruma uma desculpa e pula fora, não quer pagar o preço. Está no caminho perverso.

Ele é um especialista em dar desculpas, pra cada solução que você apresentar, o Zé vai encontrar um problema, uma desculpa. Não importa seu argumento, pode ser um artigo científico, uma teoria de Platão, um ensinamento de Buda ou Cristo, ele vai escorregar.

Vejamos algumas desculpas que o Zé carrega em seu arsenal:

- Hoje eu não posso, tenho médico.
- Agora não vai dar, você me pegou desprevenido.
- Hoje estou muito cansado.
- A culpa é do professor, não explicou direito.
- A bicicleta quebrou.
- O treino é muito cedo.
- Não tenho dinheiro pra pagar academia.
- Estou gripado.
- Vou tentar.
- Até tentei tentar.
- Meu joelho tá dolorido.
- Estou com visitas em casa.
- Não vou poder ir por motivos de força maior.
- Estou com uns probleminhas pra resolver.

- Acho que não consigo ir amanhã, não estou conseguindo dormir direito (mensagem enviada às 2h da manhã).
- Vou ter que visitar minha vó no hospital.
- Vou ao velório de um amigo.
- Meu filho está doente.
- Ainda não recebi dinheiro.
- Meu carro quebrou.
- O pneu do carro furou.
- Vou ter que fazer faxina hoje.
- Estava chovendo muito, por isso não fui.
- Estava muito calor.
- O Uber demorou.
- O ônibus atrasou.
- Lavei o quimono e não enxugou.
- Estava com muita enxaqueca.
- Saí tarde do trabalho.
- O despertador não tocou.
- Minha mãe não me chamou.
- Tenho que ir agora, senão eu perco o ônibus.
- Hoje tenho que fazer almoço.
- Tenho que buscar um amigo no aeroporto.
- Recebi uma ligação, vou ter que ir agora.
- Tenho que resolver uns negócios do trabalho.
- Fiquei preso no trânsito.
- Eu não estava me sentindo muito bem.
- Meu plano de dados acabou.
- Fiquei sem bateria.
- Dormi e não vi sua mensagem.

- Escrevi, mas esqueci de enviar.
- Estava dirigindo.
- O celular estava sem sinal.
- Eu não consigo aprender.
- Estava em uma ligação importante.
- Não sabia que era pra hoje.

Essas são apenas algumas das desculpas que o Zé Desculpinha costuma usar no dia a dia, a lista é grande, se for colocar tudo aqui vou precisar da metade do livro.

Você já ouviu falar no habeas corpus preventivo? Pois é, o Zé inventou a "desculpa preventiva", ele é muito bom nisso.

Essa narrativa que acabei de fazer com o personagem Zé Desculpinha é uma brincadeira séria, pessoal, serve pra nos fazer refletir sobre o nível de desculpas e historinhas que temos inventado e contado no dia a dia.

O Zé Desculpinha não está sozinho nessa história, ele tem uma parceira forte para compartilhar suas histórias, que é a Maria Desculpinha. Exatamente, pessoal, a família é grande!

Verdade seja dita, todos nós temos em algum nível um Zé Desculpinha atazanando e buzinando em nosso ouvido o tempo todo.

Por mais disciplinado que você seja, e olha que sou nível samurai, tem momentos que o Zé Desculpinha dá trabalho e quer sabotar, só que não podemos permitir. Não podemos dar brechas, o negócio é estar 100% focado e afiar a espada todos os dias.

Como você avalia a figura desse pitoresco personagem? Se identificou em algum nível com ele? O fato é que todos nós em algum nível nos vemos assediados e incomodados por ele.

A figura do **"Zé Desculpinha"** é uma personificação popular para descrever alguém procrastinador, sem energia e que sempre tem uma desculpa pronta para justificar as suas faltas, erros ou fracassos. Ele geralmente é retratado com algumas características comuns que reforçam essa ideia:

- **Postura encolhida ou relaxada**: normalmente o Zé Desculpinha é desenhado com uma postura que demonstra desânimo ou falta de iniciativa, com ombros caídos e cabeça baixa.

- **Expressão facial de desculpa**: a expressão do rosto costuma ser de arrependimento, vergonha ou até mesmo de desdém. Ele pode ter um leve sorriso forçado ou uma expressão de quem está buscando justificar algo.
- **Percepção negativa:** visto como imaturo ou pouco confiável, impacta negativamente relações pessoais e profissionais.
- **Mecanismo de defesa:** protege a autoestima ao evitar críticas, buscando constantemente desculpas para evitar confrontos.
- **Acessórios**: roupas e atitudes desleixadas, pode carregar algum acessório que sugira a tentativa de encontrar uma desculpa, como o celular (indicando que está atrasado porque estava preso em uma ligação importante) ou um relógio (olhando para ele como se estivesse tentando justificar a falta de pontualidade).

São muitos os elementos que ajudam a construir a imagem de uma pessoa que constantemente se esquiva de responsabilidades e justificativas esfarrapadas, dando uma visão humorística, mas crítica desse comportamento.

Registre aí e **seja aquele que serve. Sem desculpas!**

Ponto de reflexão!

1. Considerando suas dificuldades para honrar seus compromissos e fazer o que precisa ser feito, fale mais sobre o que te impede de fazer?
2. O que você acha que mudaria em sua vida se parasse de encontrar desculpas e começasse a agir com mais determinação e responsabilidade?
3. Quais sacrifícios você está disposto a fazer para alcançar o nível de disciplina necessário para atingir seus objetivos?
4. Como você pode equilibrar o preço da disciplina, sem desculpas, com a manutenção de seu bem-estar e saúde mental?

_____

_____

_____

A desculpa é uma mentira mal contada.

Você não pode se esconder de si mesmo.

Em que momento as pessoas desistem

Yamato olhou para o horizonte, onde o sol começava a se esconder atrás das montanhas, e lembrou da primeira vez que empunhou uma espada, com apenas 7 anos de idade. Naquela época, seu mestre, o velho Saito, disse algo que ecoaria em sua mente por muitos anos: "A verdadeira força de um guerreiro não está em nunca cair, mas em se levantar todas as vezes que isso acontecer". Agora, aos 30 anos, Yamato havia visto muitos de seus companheiros de treino desistirem ao longo do caminho.

Mas em que momento eles desistem, realmente?

Ele refletia sobre isso enquanto observava os campos ao redor da vila. Muitos dos que começaram com ele tinham abandonado o caminho do samurai na primeira derrota. Outros desistiram quando perceberam que a disciplina exigida era mais rigorosa do que haviam imaginado. Houve aqueles que, mesmo talentosos, não conseguiram suportar a pressão de expectativas, sejam as suas próprias ou as de seus mestres e familiares.

Yamato se lembrou de um amigo próximo, Kaito, que sempre foi o melhor espadachim entre eles, mas que se deixou vencer pela frustração após perder um torneio importante.

"Desistimos quando deixamos de acreditar em nós mesmos", pensou Yamato. Ele sabia que o verdadeiro momento de desistência não era físico, mas mental. Era quando a dúvida se tornava mais forte que a determinação, quando o medo superava a coragem.

Em que momento as pessoas desistem? A pergunta ecoava em sua mente como um enigma sem resposta fácil. Talvez fosse diferente para cada pessoa, mas Yamato estava convencido de uma coisa: a diferença entre aqueles que desistem e aqueles que perseveram está na capacidade de encontrar força nos momentos mais sombrios, de usar cada queda como uma lição para se erguer ainda mais forte.

Enquanto o sol finalmente desaparecia, Yamato apertou a espada em sua cintura, decidido a nunca permitir que a dúvida o vencesse. Ele sabia que o caminho do samurai era árduo e cheio de desafios, mas também sabia que a verdadeira vitória estava em continuar, não importa quantas vezes fosso derrubado. Afinal, como dissera o velho Saito, **"a verdadeira força de um guerreiro estava em nunca desistir e vencer a si mesmo"**.

Em que momento as pessoas desistem?

Qual **é** a maior dificuldade das pessoas ao iniciar um novo hábito, um novo projeto? Em que momento elas mais erram?

Seria no começo, no meio ou no fim?

Quando você costuma desistir?

Na maioria das vezes as pessoas desistem entre o primeiro terço e o meio. É comum as pessoas buscarem resultados nas organizações, na academia, um corpo malhado, saúde, um bom emprego, sucesso e por fim serem felizes. A questão não é começar, porque as pessoas começam, entram na academia, na faculdade, começam a ler um livro, uma arte marcial, um curso de inglês etc. O maior erro das pessoas é desistir em algum momento.

Normalmente quando iniciamos um novo hábito ou um projeto novo, começamos com muita empolgação e motivação, até que a primeira dificuldade se apresente. É aí que o bicho pega e as pessoas desistem.

É nesse momento que o Zé Desculpinha entra em cena e começa a sabotar, a inventar historinhas, quando começa a doer e ficar desconfortável, incomodar e mexer na zona de conforto. É quando o cérebro grita "pare!".

Ele pede socorro num autêntico grito de sobrevivência. É assim que funciona o nosso cérebro. Ao menor sinal de perigo e desconforto o cérebro refuta e começa a querer fugir, desistir da tarefa.

É quando a disciplina samurai pode virar o jogo e fazer toda a diferença.

Pesquisas indicam que apenas 5% das pessoas matriculadas em janeiro nas academias chegam ao final do ano frequentando com regularidade (ACAD Brasil - Associação Brasileira de Academias). Por que será que isso acontece?

A questão é que queremos resultados rápidos e nessa tocada nos frustramos com comparações e expectativas, nos esquecendo de apreciar a jornada, que é onde está o aprendizado e o prazer, quando os resultados de fato são construídos.

Faz-se necessário clareza de nossos objetivos, dos caminhos a serem percorridos. Onde estou hoje e onde eu quero chegar?

Foco no resultado é apenas uma parte do processo, que deve ser mensurado de tempos em tempos para sabermos se não estamos nos desviando do caminho, diante daquilo que queremos.

O resultado acontece na constância, repetição e determinação, na execução do dia a dia, este é o caminho, um construto diário com esforço e estado de presença. Nenhum projeto ou plano de negócios se sustenta dentro da gaveta ou em uma apresentação de power point.

Não é errado pensar no resultado final, de outra forma não faria sentido o esforço empregado em determinada tarefa. Contudo, o foco principal deve ser nas ações diárias, que é quando as coisas acontecem de verdade.

O seu projeto pode ser o top das galáxias, mas enquanto for apenas um projeto não vai gerar resultado, você precisa tirar do papel e agir. Nessa jornada, o passado deve servir de referência, e o futuro deve ser pensado e planejado com responsabilidade com base nas ações do presente.

O que sustenta resultado é a ecologia da presença em um fazer consistente e contínuo.

Se você começa uma atividade de musculação e coloca o foco exclusivamente no resultado final, a tendência é que fique ansioso e com isso acabe desistindo. Você vai começar a comparar sua página 10 com a página 100 do colega da academia, com isso vai aumentar seus níveis de ansiedade e se frustrar diante do seu resultado se comparado com o colega. Só que você entrou na academia no mês passado e o seu colega já tem dois anos malhando, percebe a diferença?

A comparação e a expectativa podem se tornar inimigas do resultado, da felicidade e do sucesso, diferente do processo de modelagem e benchmarking que são saudáveis e requerem uma metodologia específica.

Para os samurais, percorrer o caminho é tão ou mais importante do que alcançar o resultado pretendido, até porque, no entendimento dos samurais, de nada adiantaria conquistar esse objetivo perdendo-se a honra durante essa conquista, ou seja, o prazer e o aprendizado da vitória estão na jornada e não no resultado final.

A melhor decisão é começar e a melhor estratégia é fazer.

A motivação também é importante, mas é apenas o começo do processo. Não é sobre a velocidade, é a direção.

Existe um conceito japonês que pode ajudar você a mudar seu mindset nessa jornada. É o *Kaizen*, muito conhecido e usado no mundo todo como estratégia para alavancar resultados, mas que muitas pessoas ainda o desconhecem. Ele pode ser aplicado nos seus treinos, nos estudos da faculdade, no trabalho, nos relacionamentos, enfim, em tudo mesmo. Inclusive esse método (não com esse nome) foi utilizado pelos antigos samurais para se tornarem grandes guerreiros, desenvolvendo inúmeras habilidades.

Kaizen é um conceito que devemos praticar todos os dias. Ele significa melhoria contínua, hoje melhor que ontem, amanhã melhor que hoje. Melhorar 1% todos os dias como falamos no ocidente.

Devemos direcionar nossas ações para superar limites e se autossuperar. A cada dia de trabalho, treino e autoconhecimento vamos nos moldando e ganhando autoconfiança, sem pressa, mas com constância e disciplina. Em vez de prometer grandes mudanças em pouco tempo, faça pequenas melhorias que conduzam àquelas grandes mudanças que deseja. Tornar-se 1% melhor todos os dias é um jeito prático e simples de conquistar grandes objetivos. Pode parecer um percentual pequeno, e é, mas é fácil e factível. É aplicável na maioria das coisas que quer conquistar.

O *Kaizen* pode mudar seus resultados. Pequenos passos, hoje melhor que ontem, amanhã melhor que hoje. Ele é para o resultado o que o feijão com arroz é na mesa do brasileiro. Nesse caso, aprecie sem moderação.

Hoje melhor que ontem, amanhã melhor que hoje.

Vigie os erros mais comuns que podem te sabotar e tirar seu foco:

- **Tomada de decisão**: decisões impulsivas, falta de informações ou análise insuficiente levam a erros significativos, tanto na vida pessoal quanto profissional.
- **Gestão de tempo**: procrastinação, má priorização de tarefas e falta de planejamento eficaz resultam em perda de produtividade e oportunidades.
- **Falhas na comunicação:** seja por falta de clareza, escuta ativa ou compreensão, causam mal-entendidos e conflitos.
- **Finanças:** erros na gestão financeira, como gastos excessivos, falta de poupança e investimentos mal informados, levam a dificuldades econômicas.
- **Saúde e bem-estar:** negligenciar a saúde física e mental, incluindo hábitos alimentares inadequados, falta de atividade física e não cuidar do bem-estar emocional têm consequências em longo prazo.
- **Quando enfrenta obstáculos contínuos:** dificuldades repetidas e falta de progresso podem levar ao desânimo.
- **Falta de suporte:** a ausência de apoio emocional, financeiro ou social pode fazer com que se desista.
- **Exaustão:** fadiga física ou mental extrema pode reduzir a capacidade de persistência.
- **Perda de motivação:** quando os objetivos iniciais perdem significado ou importância, a motivação para continuar acaba diminuindo.
- **Falta de resultados:** não ver resultados tangíveis após esforços contínuos pode levar à frustração e desistência.

Desistimos quando deixamos a dúvida sobrepor-se à nossa determinação e o medo silenciar nossa coragem. A desistência surge nos momentos de desconforto e cansaço, frustração e falta de esperança. Com a disciplina samurai, aprendemos que a verdadeira força reside em levantar-se após cada queda, em encontrar motivação nas adversidades. As pessoas desistem quando perdem a fé em suas próprias capacidades e no propósito de suas jornadas.

Desistências e erros são comuns e variam de pessoa para pessoa dependendo da resiliência individual e circunstâncias. Envolvem aspectos fundamentais da vida que exigem habilidades e atitudes que nem sempre são ensinadas ou praticadas adequadamente.

Para ser aquele que faz, é essencial manter a disciplina e a perseverança, enfrentando cada desafio com resiliência. Lembre-se: a vitória pertence àqueles que persistem, não aos que desistem.

Registre aí e **seja aquele que faz!**

Ponto de reflexão!

1. Quais são seus erros mais comuns e motivos que te levam a desistir de um projeto ou um novo hábito implementado? Fale sobre eles!

2. Enfrentar dificuldades em nossas vidas é normal. Quando você se vê desconfortável para levar adiante suas tarefas ou objetivos, quais são suas estratégias para evitar desistir?

_____
_____
_____
_____
_____
_____
_____
_____

A comparação e a expectativa são inimigas do resultado, da felicidade e do sucesso.

O fazedor

Uma pessoa fazedora é alguém que coloca ideias em prática de forma proativa e eficiente. Esse tipo de pessoa tende a ser altamente motivada, organizada e orientada para ação, preferindo realizar tarefas e projetos a apenas planejar ou discutir sobre eles.

Fazedores são conhecidos por sua capacidade de superar obstáculos, buscar soluções práticas e concretas, e seguir adiante com determinação até alcançar seus objetivos. Eles são essenciais em equipes e organizações, pois transformam planos em resultados tangíveis.

Entre as principais características dos fazedores, podemos destacar:

- **Proatividade:** toma iniciativa sem esperar por instruções.
- **Disciplinados:** eles não tentam, eles fazem o que precisa ser feito, independentemente do resultado.
- **Foco em resultados:** orienta suas ações para alcançar objetivos concretos.
- **Eficiência:** realiza tarefas de maneira rápida e eficaz.
- **Resiliência:** supera obstáculos e desafios com determinação.

- **Capacidade de execução:** consegue transformar ideias e planos em ações práticas.
- **Autonomia:** trabalha bem de forma independente, sem necessidade constante de supervisão.
- **Resolução de problemas:** encontra soluções práticas e inovadoras para os desafios que surgem.
- **Organização:** mantém suas atividades e projetos bem estruturados e ordenados.
- **Energia e motivação:** tem alto nível de energia e entusiasmo para realizar tarefas.
- **Comprometimento:** dedica-se totalmente aos seus projetos e responsabilidades.

Ninguém nasce sabendo, muito menos disciplinado. A disciplina é um construto que vai se incorporando aos poucos em nossas vidas por meio do fazer, da repetição, constância e tantas outras coisas. Ela vai sendo praticada, treinada e forjada nas pequenas atitudes do dia a dia.

No início não é nada fácil, ou melhor, no início tudo é mais difícil, no mínimo desafiador. Miyamoto Musashi fala sobre isso em *O livro dos cinco anéis*.

Você lembra quando começou a caminhar, engatinhar?

E andar de bicicleta, você se lembra?

Do primeiro treino de Karatê, judô ou de Jiu-jitsu?

Você se lembra de como foi complicado amarrar os sapatos quando era garotinho?

Tudo foi ficando mais fácil à medida que você foi repetindo o movimento, se tornando um fazedor daquele novo hábito ou desafio.

Sou da geração dos anos 1980/1990, sem internet e com muito movimento, das bandas Capital Inicial, U2, Barão Vermelho, Paralamas do Sucesso e do saudoso tricampeão Ayrton Senna, grande exemplo de disciplina construída por meio do fazer.

Ayrton Senna personifica o instinto fazedor. Sou aquele que não perdia uma só corrida dele, fã de carteirinha e acompanhei toda sua trajetória da Fórmula 1. Sua história é muito inspiradora com passagens pitorescas que a maioria das pessoas não conhece e que vale muito a pena conhecer.

Pra falar do Senna, obrigatoriamente tenho que falar do Nuno Cobra, que foi seu mentor e treinador por dez anos, e de como foi construída a trajetória desse campeão que antes de ser conhecido como Ayrton Senna era chamado de Ayrton franzino.

Nuno Cobra é autor do best-seller *A Semente da Vitória*, mestre da preparação física e mental. Head Coach do campeão Ayrton Senna, Mika Hakkinen, Cristian Fittipaldi, Jaime Oncins, Cassio Mota, Abílio Diniz e tantos outros atletas, personalidades e empresários do Brasil e pelo mundo.

Ayrton se aproximou-se de Nuno Cobra em 1983/1984, na ocasião ele tinha 22 pra 23 anos e ainda estava na Fórmula 3.

O primeiro contato partiu do próprio Ayrton, que procurou o Nuno depois que conheceu seu trabalho e os ótimos resultados que o preparador físico desenvolvia com diversos empresários. Ayrton tinha como objetivo se tornar piloto de Fórmula 1 e conhecia muito bem seus gargalos, sabia de suas deficiências, principalmente seu péssimo condicionamento físico, atributo indispensável para avançar com suas pretensões. Ele era muito frágil, nervoso, irritado e estabanado e ao mesmo tempo muito inteligente, assim o descrevia Nuno Cobra.

O Nuno estava com sua agenda cheia naquele momento e quase não aceitou trabalhar com ele, na verdade o que fez com que aceitasse foi quando o Ayrton disse a ele que pensava ter algum problema no coração. Sua fragilidade e ao mesmo tempo sua determinação foram o que instigou o Nuno a aceitar o desafio de ser seu treinador.

Já nesse primeiro contato, depois das tratativas iniciais, ele pediu ao Ayrton que no outro dia comparecesse no clube Pinheiros, em São Paulo, onde o Nuno fazia a preparação física de diversos atletas do tênis profissional. No outro dia, logo cedo, o Ayrton estava lá conforme combinado.

Nuno conta que o Ayrton era muito introvertido, quase não conversava, era um bom dia, boa tarde, ou um balançar de cabeça em sinal afirmativo ou negativo. Era muito difícil trabalhar com ele.

Ele conta que após o Ayrton completar algumas corridas de Fórmula 3, com duração média de 30 minutos, ele ficava acabado e chegava a desmaiar dentro do carro quando chegava, tamanho era seu esforço para concluir a prova. Imagina concluir uma corrida de Fórmula 1, que tem no mínimo duas horas, era praticamente impossível naquele momento, pelo menos vivo.

Logo nos primeiros contatos e treinamentos preliminares não foi difícil para Nuno perceber que Ayrton tinha na verdade não era problema no coração, mas a sua capacidade cardiorrespiratória era muito baixa, sua frequência cardíaca em descanso já era alta, resultado de um péssimo condicionamento físico.

Depois de entender o que se passava com ele, restava o trabalho duro, que não foi pouco.

A partir daquele dia começava a ser forjado o Ayrton Senna. A porta de entrada do trabalho do Nuno sempre foi o corpo e a mente, e com ele não foi diferente, mesmo porque esse era o seu tendão de Aquiles. Ele conta que o Ayrton não tinha quase nenhum predicado para vencer na Fórmula 1, seus colegas na Fórmula 3 diziam que ele corria a duras penas.

Nuno explica que o Ayrton franzino, na verdade, era completamente destituído de talento, a não ser um em especial, que fez toda diferença e foi determinante na construção sua carreira, **ele era um grande FAZEDOR**, inteligente e persistente.

Tudo que mandava fazer ele fazia, questionava no início, pedia para explicar por que estava fazendo, mas sempre fazia, e fazia bem feito.

O início da sua preparação se sustentou basicamente em quatro pilares: sono, alimentação, atividade física e respiração. Ele mal conseguia ficar dependurado em uma barra fixa e quando conseguiu ficar por alguns segundos já foi uma festa, correr então, nem pensar, não tinha pulmão.

Outra grande dificuldade que o Nuno teve no início do trabalho foi fazer o Ayrton dormir mais cedo. Ele tinha o hábito de dormir tarde, gostava de uma balada e para a coisa funcionar o primeiro pilar a ser ajustado era o sono, mas como bom fazedor que era, ele entendeu logo o recado e ficou mais fácil avançar nos outros pilares.

À medida que ele foi fortalecendo seu corpo, ganhava musculatura emocional e ficava espiritualmente mais forte. Iniciou com pequenas caminhadas para fortalecer o músculo miocárdio, que era muito fraco, totalmente despreparado para o esforço e que trabalhava a duras penas quando se colocava em movimento, em um total desiquilíbrio de oxigênio.

Não demorou muito ele estava alternando caminhadas com trotes, corridas leves até começar a corrida de fato. Este foi o principal exercício para fortalecer sua capacidade cardiorrespiratória. Paralelo a isso eram realizados trabalhos de equilíbrio, barra fixa e parada de mão, basicamente este era o método Nuno Cobra. Com um ano de trabalho o Ayrton já estava fazendo uma oitava, dando uma volta completa na barra fixa. A essa altura já conseguia correr e sua frequência cardíaca normalizou.

O Senna começava a mostrar sua cara, deixando o Ayrton franzino para trás. O resultado com o corpo já impactava sua mente e chegava ao espírito.

Depois de mais algum tempo, o Ayrton já conseguia correr uma distância que seria impossível um ano atrás, e quando concluía o percurso, o Nuno falava pra ele: "Ayrton, você não fez nada, garoto".

"Como assim?", ele perguntava.

Ele tinha acabado de correr 30 km.

E Nuno explicava: "você só vai colher os frutos dessa corrida depois que cair na horizontal". Ou seja, tiver um descanso adequado e um sono regenerador.

Outra história engraçada que o Nuno conta do Senna era que, para ele correr em um ritmo forte dando dez voltas em uma pista de 400 metros, Nuno colocava um "coelho" para ditar o ritmo de corrida dele ("coelho" é o nome que se dá a um atleta profissional que consegue manter um pace na corrida por um determinado tempo para os outros atletas o acompanharem).

Ao final dessas voltas na pista, Senna reclamava (brincando) que era impossível acompanhar esse cara, pois parecia que ele não respirava, tinha pulmão de aço ou simplesmente não tinha pulmão.

Isso não seria nada demais se esse cara (coelho) não tivesse 74 anos e uma condição física privilegiada construída com muita disciplina e esforço.

Essa história ilustra muito bem a importância da preparação física na vida do atleta ou de qualquer pessoa. O mais incrível é a idade desse coelho, ele tinha mais que o dobro da idade do Senna. Reforçando a máxima que a sua idade não define quem você é, e sim suas atitudes.

Movimento é vida!

Com o tempo o Ayrton franzino, introvertido e intempestivo foi assimilando os ensinamentos do mestre e como bom fazedor que era se transformou no grande campeão Ayrton Senna, um cara centrado, disciplinado e consciente do seu valor, daquilo que fez e tudo mais que poderia fazer. Ayrton se tornou um atleta extraordinário, e colheu os frutos dessa transformação na Fórmula 1. Ele conseguiu transferir os resultados que obteve com seu corpo e sua mente para sua vida e para dentro das pistas.

Na psicologia isso é chamado de transferência retroativa positiva.

Mas esse resultado não aconteceu da noite para o dia tampouco pegando atalhos, foi fruto de muito esforço, determinação, constância e daquilo que o Senna tinha de melhor, do **fazer!**

Não importa se você **é dotado de pouco, muito ou nenhum** talento, entenda que o esforço e a disciplina superam o talento.

Se você acredita que pode, você pode, com disciplina e ação.

Ayrton Senna nasceu no dia 21 de março de 1960 e morreu no dia 1º de maio de 1994 em um acidente no grande prêmio de San Marino em Ímola, considerado um dos pilotos mais habilidosos da Fórmula 1 de todos os tempos, habilidade essa construída com muito esforço e trabalho.

"O dia 1º de maio será sempre uma data de celebração para os brasileiros e fãs de Ayrton Senna espalhados pelo mundo." (https://www.f1mania.net/f1/relembre-30-fatos-sobre-a-carreira-e-a-vida-de-ayrton-senna/).

O tricampeão mundial de Fórmula 1 viajou antes do combinado (como diria o finado Rolando Boldrin) há 30 anos, mas até hoje tem suas glórias exaltadas por pessoas de todas as idades. Mas nem todos têm a exata noção de alguns feitos obtidos pelo piloto.

Quem é fã de Ayrton Senna sabe de suas conquistas, como os três títulos mundiais, todos obtidos no Japão, as vitórias no Brasil, a grande largada em Donington Park. Mas nem todos sabem de detalhes interessantes sobre aquele que é considerado um dos mais importantes pilotos da história do automobilismo mundial".

"Registramos 30 curiosidades sobre a carreira e a vida de Ayrton Senna para você relembrar ou simplesmente conhecê-las".

1. "O primeiro teste de Ayrton Senna em um carro de F1 aconteceu em 1983 pela Williams em Donington Park, na Inglaterra."
2. "A estreia de Ayrton Senna na Fórmula 1 aconteceu no GP do Brasil de 1984 em Jacarepaguá."
3. "O primeiro ponto de Senna na Fórmula 1 foi em 1984, com um sexto lugar no GP da África do Sul, corrida que era apenas a segunda do ano."
4. "Senna venceu a "Corrida dos Campeões", disputada em 1984, em Nürburgring, com um Mercedes. O piloto substituiu de última hora Emerson Fittipaldi."
5. "Senna tem 91 vitórias em sua carreira completa no automobilismo após o kart. Considerando a Fórmula Ford (1600 e 2000), F3 Inglesa e outras quatro corridas extracampeonatos, Senna obteve 50 vitórias fora da F1, totalizando 91 triunfos no automobilismo."
6. "Ayrton Senna teve 10 companheiros de equipe ao longo de sua carreira na F1: Johnny Cecotto (Toleman), Stefan Johansson (Toleman), Elio de Angelis (Lotus), Johnny Dumfries (Lotus), Satoru Nakajima (Lotus), Alain Prost (McLaren), Gerhard Berger (McLaren), Michael Andretti (McLaren), Mika Hakkinen (McLaren) e Damon Hill (Williams)."
7. "Ayrton Senna pilotou com quatro fornecedores diferentes de motores na Fórmula 1: Hart, Ford Cosworth, Honda e Renault – mas ele chegou a testar outros modelos, incluindo Lamborghini com a McLaren."
8. "O local em que Senna mais subiu no pódio foi em Mônaco (8), onde o piloto também é o maior vencedor do circuito (6)."
9. "Senna é o recordista de vitórias consecutivas em um mesmo circuito: 5 triunfos em Mônaco, entre 1989 e 1993."

10. "O melhor início de temporada de Senna na F1 aconteceu em 1991 com quatro vitórias consecutivas nas quatro primeiras corridas."

11. "Senna foi ao pódio no GP do Brasil em quatro oportunidades: 1986, 1990, 1991 e 1993."

12. "O Grande Prêmio que Senna mais disputou na F1 foi o GP do Brasil com 11 largadas."

13. "Senna percorreu mais de 8.200 voltas em GPs na F1, o que daria um número aproximado de quase 40 mil quilômetros, equivalente a uma volta inteira ao redor do planeta Terra."

14. "Considerando todas as categorias de monopostos disputadas por Senna em 13 provas na lendária pista de Brands Hatch, na Inglaterra, o piloto conquistou 6 vitórias, 10 pódios e 4 poles."

15. "Silverstone foi o autódromo em que Ayrton Senna mais venceu corridas na carreira, 10 no total. Foram seis vitórias na Fórmula Ford (entre 1981 e 1982), três na F3 Inglesa (1983) e uma na Fórmula 1 (1988)."

16. "Pelas vitórias em Silverstone, Senna ganhou o apelido de "Silvastone" na Inglaterra."

17. "Naquela que é considerada a melhor primeira volta de todos os tempos na Fórmula 1, em Donington Park-1993, Senna ultrapassou Schumacher, Wendlinger, Hill e Prost antes de assumir a liderança ainda na primeira volta."

18. "O brasileiro também é o líder de vitórias de ponta a ponta, com 19. Lewis Hamilton segue empatado com Senna."

19. "Senna liderou 2.931 voltas na F1."

20. "Senna ainda é o líder de primeiras filas consecutivas na F1 com 24 entre 1988 e 1989."

21. "Ayrton Senna testou um carro da Fórmula Indy em 1992, após convite de Emerson Fittipaldi e Roger Penske."

22. "Ayrton Senna trouxe a marca Audi para o mercado automotivo brasileiro em 1994."

23. "O capacete marcante usado por Senna ao longo da carreira teve como inspiração o desenho usado pela delegação brasileira no Mundial de Kart de 1979."
24. "Ayrton tinha 28 anos quando conquistou seu primeiro título, em 1988 com a McLaren. Em 1991, Senna foi o tricampeão mais jovem da F1 (31 anos), recorde que posteriormente seria batido somente em 2012 por Sebastian Vettel (25 anos)."
25. "Tênis era um dos esportes que Ayrton Senna tinha como hobbie. O piloto também foi em jogos de Wimbledon e Roland Garros durante sua carreira de piloto."
26. "Phil Collins, Milton Nascimento, Tina Turner, Michael Jackson e Madonna eram alguns dos músicos preferidos de Senna."
27. "Em aposta com Ron Dennis no GP da Itália de 1990, Senna levou a McLaren da vitória para casa, que hoje está exposta no Instituto Ayrton Senna, em São Paulo."
28. "Mesmo sendo rival de Alain Prost, Senna é reverenciado até na França. Em 1994, ele deu o pontapé inicial em um amistoso da Seleção Brasileira contra o combinado PSG-Bordeaux e foi ovacionado pelo público."
29. "Senna é o maior vencedor da história da McLaren, com 35 vitórias conquistadas."
30. "Senna é o recordista de poles com a McLaren, com 46 das suas 65 poles da carreira." (https://www.f1mania.net/f1/relembre-30-fatos-sobre-a-carreira-e-a-vida-de-ayrton-senna/).

Frases inesquecíveis do campeão

"As frases de Ayrton Senna deixaram sua marca e mostram o quão visionário era o piloto. Ele sempre falava sobre seus desafios, medos e vários comportamentos. Seus depoimentos sobre fatos de sua própria vida serviram de ensinamentos para uma legião de pessoas."

(https://www.mg.superesportes.com.br/app/noticias/esportes/2022/06/01/noticia_esportes,3970890/ayrton-senna-veja-16-frases-do--piloto-que-entraram-para-a-historia.shtml).

Confira algumas frases de Ayrton Senna que marcaram sua trajetória:

- "Vencer é o que importa. O resto é a consequência."
- "Não sei dirigir de outra maneira que não seja arriscada. Quando tiver de ultrapassar vou ultrapassar mesmo. Cada piloto tem o seu limite. O meu é um pouco acima dos outros."
- "Meu maior erro? Acho que ainda está para acontecer."
- "Acidentes são inesperados e indesejados, mas fazem parte da vida. No momento em que você se senta num carro de corrida e está competindo para vencer, o segundo ou o terceiro lugar não satisfazem. Ou você se compromete com o objetivo da vitória ou não. Isso quer dizer: ou você corre ou não."

- "Seja você quem for, seja qual for a posição social que você tenha na vida, a mais alta ou a mais baixa, tenha sempre como meta muita força, muita determinação e sempre faça tudo com muito amor e com muita fé em Deus, que um dia você chega lá. De alguma maneira você chega lá."
- "Se você quer ser bem sucedido, precisa ter dedicação total, buscar seu último limite e dar o melhor de si."
- "Deus é Grande Deus é forte, quando ele quer não tem quem não queira."
- "O segundo nada mais é do que o primeiro dos perdedores."
- "Eu não tenho ídolos. Tenho admiração pelo trabalho, dedicação e competência."
- "Vocês nunca conseguirão saber como um piloto se sente quando vence uma prova. O capacete oculta sentimentos incompreensíveis."
- "Tenho medo da morte e da dor, mas convivo bem com isso. O medo me fascina".
- "Trabalhei muito para chegar ao sucesso, mas não conseguiria nada se Deus não ajudasse."
- "Vencer sem correr riscos é triunfar sem glórias."
- "Devo a Ele a oportunidade que tive de chegar onde cheguei. Muitas pessoas têm essa capacidade, mas não têm a oportunidade. Ele a deu para mim, não sei o porquê. Só sei que não posso desperdiçá-la."
- "Eu sou parte de uma equipe. Então, quando venço, não sou eu apenas quem vence. De certa forma termino o trabalho de um grupo enorme de pessoas."
- "Se a gente quiser modificar alguma coisa, é pelas crianças que devemos começar. Devemos respeitar e educar nossas crianças para que o futuro das nações e do planeta seja digno."

(https://www.mg.superesportes.com.br/app/noticias/esportes/2022/06/01/noticia_esportes,3970890/ayrton-senna-veja-16-frases-do--piloto-que-entraram-para-a-historia.shtml).

Ayrton, Ayrton, Ayrton Senna, é do Brasiiiiiiiilllll - "pam pam pam, pam pam pam"...

Registre aí com o tema da vitória e **seja aquele que faz**!

Ponto de reflexão!

1. Fale sobre cinco realizações suas que considera relevante no âmbito pessoal e profissional.
2. Cite cinco características fazedoras de sua pessoa e comente sobre elas.

"O que diferencia aquele que faz daquele que não sai do lugar é o fazer".
(Nuno Cobra)

A força motriz que conduz aos resultados

Masato sempre foi conhecido em sua vila como alguém determinado. Desde jovem, ele demonstrava uma paixão incomum por aprender a crescer, seja dominando a arte marcial ou estudando os textos dos grandes mestres. No entanto, não era apenas talento natural que o destacava, mas uma força interior que parecia inabalável.

Enquanto outros jovens se contentavam com o mínimo, Masato sempre buscava algo mais, algo maior.

Certa manhã, após uma noite de treino intenso, Masato se encontrou com seu mestre, Kenji, à beira do lago. "O que te motiva a continuar, mesmo quando todos os outros desistem?", perguntou o mestre Kenji, observando o reflexo da lua na água calma. Masato refletiu por um momento antes de responder. "Não é apenas o desejo de ser o melhor", disse ele. "É a necessidade de honrar meu propósito, de provar a mim mesmo que posso superar qualquer obstáculo".

Essa força motriz, que impulsiona Masato, ia além do simples desejo de sucesso. Era um profundo senso de propósito, disciplina e um compromisso com sua própria evolução. Ele compreendia que a verdadeira motivação não era apenas uma questão de vontade, mas de encontrar um propósito maior que alimentasse sua determinação diariamente.

Essa é a natureza de uma força motriz que conduz aos resultados. Podemos perceber na jornada de Masato uma pessoa determinada e disciplinada, que cultivou essa motivação inabalável, transformando desafios em oportunidades de crescimento.

A disciplina sempre permeou a jornada do Samurai, uma característica latente desses guerreiros que influenciaram a cultura japonesa e suas organizações, principalmente pelo *Bushido*, seu código de conduta. Eles são os principais responsáveis pelo Japão ter se tornado a potência que é do ponto de vista econômico e cultural, fazendo da disciplina sua força motriz e principal ferramenta para conquistar resultados e superar tragédias. São admirados e respeitados no mundo todo.

Quando um samurai dizia que ia fazer alguma coisa, era como se já tivesse feito. Compromisso e honra, essa é mensagem subentendida.

Essa força e esse legado podem ser modelados por qualquer pessoa, e a chave está nos seus valores e princípios. Assim como o compromisso e a felicidade, a disciplina também é uma escolha, e temos livre arbítrio para transitar de um lado para o outro, ou seja, ser disciplinado ou ser um Zé Desculpinha. Disciplina e compromisso caminham de mãos dadas e o resultado será sempre na justa medida da sua escolha e esforço.

Disciplina é a raiz que nutre tudo, a força motriz que conduz aos resultados. A diferença de uma pessoa mais ou menos que tem um grande resultado de outra que tem muito talento e não consegue resultado, pode ter certeza, é a disciplina. Registre aí!

Apenas o talento não ganha jogo. Disciplina e esforço vencem o talento. Algumas pessoas são talentosíssimas, mas não têm disciplina, não têm constância. Elas se perdem quando atropelam ou negligenciam o processo.

Outro importante parceiro da disciplina, o foco, também entra nessa equação de escolhas. Lembrando que você precisa de um motivo para a ação.

Aquilo que você coloca atenção, que é invariavelmente sua zona de interesse, vai crescer e se desenvolver, e o que você negligencia vai atrofiar e ficar estagnado.

A pergunta é: onde você está colocado seu foco?

Onde está sua zona de interesse, seu motivo para ação?

Considere aquilo que faz sentido e traz resultado e se não faz sentido e não traz resultados, abra mão, desapegue!

Você pode estar gastando sua energia na direção errada. Busque o que agrega valor. Não faça pelas pessoas, que muitas vezes você nem conhece direito e está fazendo simplesmente para provar alguma coisa pra elas. Isso acontece muito nas redes sociais.

Faça por você!

Você pertence ao que te pertence. Desapegar vai te ajudar no processo de construção da disciplina. Precisamos esvaziar a taça para poder enchê-la novamente. Tudo que você não usa e não pratica, acaba custando caro.

Abra mão do que não agrega.

O conhecimento e a disciplina só são seus se você praticar. De outra forma, são falácias flácidas para dormitar bovinos, ou seja, conversa mole pra boi dormir.

Ninguém nasce disciplinado, essa é uma condição que se constrói ao longo da vida. Sabemos que nessa equação existe um percentual herdado da genética, obviamente vai depender de você e sua árvore genealógica, que, se não for estimulada e praticada, de nada vai adiantar.

A estrada está lá, ela só precisa ser percorrida. Existem vários caminhos para se tornar disciplinado, e a arte marcial é um grande exemplo que pode ser modelado para a vida.

Você inicia faixa branca, é quando começa a construir uma base. Este é um momento de extrema importância, em que construímos as primeiras trilhas e memórias musculares, internalizando fundamentos básicos que requer determinação, resiliência, paciência e foco, pré-requisitos na jornada da disciplina.

Certa vez perguntaram ao maior jogador de basquete de todos os tempos, **Michel Jordan,** o que ele fazia na quadra quando o jogo ficava complicado, quando o bicho pegava. Ele respondeu que recorria aos fundamentos, o básico bem feito que funciona.

A faixa branca simboliza a pureza e a inocência, o ponto de partida, a mente e o espírito de aprendiz. Parece clichê, mas é a pura verdade, sem uma boa base, um bom fundamento não se edifica de forma sustentável nada nessa vida.

É um longo caminho em direção à faixa preta, que é considerada símbolo máximo de disciplina.

Em alguns casos, essa jornada dura o tempo de duas ou três graduações acadêmicas.

Na verdade, o status de faixa preta não é a linha de chegada, mas representa a consciência de que o verdadeiro guerreiro deverá carregar consigo a alma de um faixa branca, que simboliza o espirito *Shoshin*, que é a mente de aprendiz.

O faixa preta é um faixa branca que construiu sua história e nunca desistiu, seguindo continuamente o aprendizado.

Ninguém ganha ou conquista uma faixa preta, **você se torna um faixa preta** com muito esforço e disciplina. Nesse processo, não são aceitos atalhos nem justificativas, nesse momento o Zé Desculpinha não tem vez, é nocauteado ou finalizado.

Esse raciocínio se aplica a qualquer área de nossas vidas, pessoal e profissional, em que a excelência e a mente de aprendiz devem ser renovadas e percorridas diariamente.

A cultura oriental prima pela excelência e máxima qualidade em tudo que se propõe a fazer. Um dos principais motivos para que essa alta qualidade e eficácia se apresentem de maneira evidente nas técnicas marciais é o conceito **Keiko**, que é a prática repetida e assistida da técnica com o objetivo de autossuperação, assim como a superação de nossos predecessores.

Tudo é visto e revisto centenas de vezes por nós ou por um mestre especialista. E a cada nova revisão, algo é acrescentado ou adaptado, para tornar-se melhor e mais funcional para seu objetivo proposto. Não há um único movimento que não seja repetido centenas ou milhares de vezes.

Keiko não é uma simples repetição mecânica, mas um ato consciente e deliberado, seguido cuidadosamente pela experiência e sabedoria de um mestre, na busca pela perfeição e da maestria com intenção subjacente de superar aqueles que o precederam, entendendo sempre que essa superação aos mestres e ancestrais é inerente ao processo evolutivo da arte, sem o qual ela se estagna e perece.

No processo de capacitação, a modelagem é de vital importância no desenvolvimento de nossas habilidades e competências. Estarmos próximos a alguém com experiência e conquistas na mesma área que nos propomos seguir, isso ajuda muito, acelerando o processo de entendimentos de detalhes e nuances que só uma pessoa experiente é capaz de observar (mentor).

Nesse sentido, somos capazes de mensurar melhor e planejar nossas ações e resultados que queremos alcançar, além da motivação, foco e disciplina necessários para a jornada.

Keiko pode e deve ser usado na vida cotidiana. Quem consegue colocá-lo em prática poderá encurtar o caminho em direção aos objetivos.

Aplicar o conceito *Keiko* na vida cotidiana envolve adotar uma abordagem de prática contínua, reflexão e aprimoramento em diversas áreas da vida.

Algumas maneiras práticas de incorporar esse conceito em sua vida:

- **Estabelecer rotinas de prática:** dedique um tempo diário ao estudo e aprendizado, seja para aprimorar suas habilidades profissionais, aprender um novo idioma ou desenvolver novas habilidades e aprofundar-se em assuntos de seu interesse. Outra prática diária importante é a atividade física regular, como corrida, musculação artes marciais, yoga, focando não apenas na repetição, mas na melhoria contínua da técnica e do desempenho.

- **Aprimoramento no trabalho:** aborde suas tarefas com a intenção de melhorar constantemente buscando feedback, refletindo sobre sua performance e encontrando maneiras de ser mais eficiente e eficaz. Invista em cursos e treinamentos, mantendo-se atualizado com as tendências e inovações na sua área.

- **Desenvolvimento pessoal:** reserve um tempo diário para reflexões, orações e meditação, permitindo-se avaliar suas ações, pensamentos e sentimentos, e buscar maneiras de melhorar sua saúde mental e emocional.

- **Relações interpessoais:** pratique a comunicação eficaz e empática com os outros, refletindo sobre suas interações e procurando melhorar a forma como se conecta e colabora com os outros. Aborde os conflitos com a intenção de aprender e crescer, utilizando cada situação como uma oportunidade para desenvolver melhores habilidades de resolução de problemas e entendimento mútuo.

- **Vida doméstica:** mantenha seu ambiente doméstico organizado, praticando maneiras para facilitar sua vida nesse contexto, principalmente com muito esmero. Pratique a culinária com atenção aos detalhes, buscando aperfeiçoar suas habilidades e explorar novas receitas e técnicas culinárias.

Integrar o conceito *Keiko* na vida cotidiana significa adotar uma mentalidade de aprendizado contínuo e aprimoramento, tratando cada atividade e interação como uma oportunidade para crescer e se desenvolver. Isso requer dedicação, disciplina e uma atitude reflexiva em relação a todas as áreas da vida.

Registre aí e **seja aquele que faz!**

Ponto de reflexão!

1. Do ponto de vista organizacional, como você aplicaria o conceito *Keiko* para melhorar a eficácia de programas de treinamento e desenvolvimento profissionais em empresas modernas?

2. De que maneira a prática regular e reflexiva do conceito *Keiko* nas artes marciais pode influenciar o desenvolvimento pessoal e a resiliência emocional fora do contexto marcial, ou seja, fora do Dojo (local de treino artes marciais)?

3. De que forma a manutenção de hábitos diários consistentes pode fortalecer a sua disciplina pessoal e contribuir para a realização de seus objetivos a longo prazo?

A estrada está lá, você só precisa percorrê-la.

O caminho perverso

Um dos grandes equívocos das pessoas é acumular conhecimento de forma desordenada e sem planejamento, pensando que isso vai ser a salvação da lavoura, imaginando o conhecimento como a solução de seus problemas.

Essa é uma meia-verdade e em parte faz todo sentido. O conhecimento pode potencializar e apontar caminhos, nos fazendo viajar por lugares inimagináveis, mas saber só não é o bastante.

Muitas pessoas estudam durante anos um determinado assunto e às vezes vários ao mesmo tempo, se perdendo em um excesso de estímulos e informações, mas sem clareza de objetivos. Elas se dedicam, aumentam sua conta bancária de conhecimento, mas não colocam nada em prática. O ponto é exatamente este: muita teoria e quase nenhuma prática. As pessoas sabem a teoria, mas não sabem ou não conseguem fazer, fracassam no vasto conhecimento adquiro e esquecem de partir pra ação.

Existem alguns profissionais que estão no caminho perverso, nutricionistas acima do peso, personal traines fora de forma, médicos que fumam e não fazem atividade física, entre outros que destoam teoria da prática. Racionalmente falando não faz sentido esse paradoxo, mas é a pura verdade, acontece. Essas pessoas, salvo exceções, vão ter dificuldades em conseguir resultados sustentáveis se não alinharem a teoria com a prática.

Pense no aluno número um na faculdade, aquele que senta nas primeiras filas e tira as melhores notas ou aquele que senta lá atrás, na chamada muvuca, tirando notas medianas e até abaixo disso.

Pela lógica, aqueles que tiram as melhores notas teriam maiores chances de se destacar no mercado de trabalho, mas não é bem assim. Muitas vezes o aluno do fundão consegue muito mais sucesso profissional do que os chamados nerds.

A diferença entre um grupo e outro é a ação, o fazer. É quando se coloca em prática o conhecimento adquirido o mínimo que seja. Não importa se você tirou as melhores notas ou não, você deve ultrapassar a barreira da teoria e colocá-la em prática.

"Um grama de prática vale mais do que uma tonelada de teoria". Essa frase atribuída ao escritor e filósofo alemão Friedrich Engels faz sentido pra você?

Fazer diversos cursos de yoga e mindfulness não garante saúde mental e musculatura emocional se você não treinar os asanas e conversar com o silêncio, praticar. Você pode fazer todos os cursos de fundamentos de corrida, assistir a todos os vídeos nesse sentido, mas só vai desenvolver sua corrida correndo.

Existem pessoas que estudam muito, fazem vários cursos, graduações, pós, mas não tem resultado. Isso acontece porque elas colocam foco apenas na teoria. Elas precisam romper a barreira da teoria e colocar a mão na massa.

O conhecimento só é nosso quando praticamos.

Há 380 anos, ainda no Japão feudal, Miyamoto Musashi, esse grande mestre samurai, identificou e nomeou um grande perigo em nossas vidas. Ele chamou de "**perigo do caminho perverso**".

O caminho perverso é quando se sabe alguma coisa, mas não se coloca em prática. É quando racionalmente você sabe, mas não faz. É quando você tem conhecimento, mas não coloca em prática, quando você pode fazer alguma coisa e não faz. Não faz porque tem medo. Não faz porque é Zé Desculpinha. Não faz porque sempre tem uma historinha pra contar. Não faz porque coloca dificuldade e julga que ainda não está pronto. Não faz por causa do medo da rejeição e do que as pessoas podem falar de você.

Essas pessoas estão no caminho perverso. Elas precisam pegar outro caminho e partir para ação.

Não é o que você sabe, é o que você faz com aquilo que sabe. Não fazer ou não conseguir fazer pode te deixar frustrado, ansioso e fragilizado, impactando diretamente sua vida, principalmente no médio e longo prazos. Isso acontece com quem só acumula conhecimento e não sabe o que fazer com ele, não sabe transmitir esse conhecimento para os outros, não pratica e não gera resultados.

Cuidado! Em algum momento você pode entrar no caminho perverso, que é aquele em que você só sabe a teoria, mas não consegue colocar em prática.

Um preparador físico acima do peso, por exemplo, racionalmente, ele conhece as premissas e os fundamentos de sua profissão, mas se torna incongruente por estar acima do peso. Podemos dizer que ele está vendendo a teoria sem prática, ou seja, gato por lebre, como diz o ditado.

Como profissional de educação física, pressupõe-se que ele deveria se vender principalmente pelo exemplo. Se ele não consegue fazer a própria lição de casa, ou seja, sua preparação física, se manter no peso, teoricamente ele perde autoridade de educar e transformar o físico de outras pessoas.

Se ele vende um estilo de vida saudável, o seu corpo é a principal vitrine, ele é a sua principal prova social, mesmo sabendo todos os caminhos da pedra.

Valor e padrão não são aquilo que eu digo, mas o que eu prático.

Tudo bem que podemos fazer o que quisermos, temos esse direito, posso estar magro ou acima do peso, só que socialmente as pessoas não aceitam determinadas situações e não vão comprar teorias e justificativas, ou pelo menos a grande maioria, elas vão comprar você.

As pessoas querem resultados! Você pode até dizer: "mas existem pessoas com uma genética complicada, o que dificulta a perda de peso". Concordo, existe mesmo, mas também existem tratamentos, isso é apenas parte da equação. Se não tiver esforço, determinação e disciplina pra sair da zona de conforto e ir pra trincheira, não vão rolar.

Não seja um obeso mental, busque o conhecimento todos os dias, cultive a mente e o espírito de aprendiz — *Shoshin* —, mas o coloque em prática.

O **"caminho perverso"** também pode ser visto de outras maneiras, vejamos:

- **Ética e integridade:** evitar o caminho perverso significa agir com integridade e ética em todas as áreas de sua vida. Isso inclui ser honesto em suas interações com os outros, agir com justiça e respeitar os princípios morais.

- **Foco e disciplina:** na vida cotidiana, o caminho perverso pode representar falta de foco e disciplina em alcançar metas e objetivos. Isso pode incluir procrastinação, distração constante por redes sociais ou falta de comprometimento com hábitos saudáveis.

- **Relacionamentos interpessoais:** seguir o caminho perverso em relacionamentos pode significar agir de maneira egoísta, manipuladora ou prejudicial para os outros.
  Em vez disso, você deve buscar relacionamentos baseados em empatia, compreensão e respeito mútuo, isso ajuda a evitar o desvio.

- **Intenções e motivações:** ter intenções puras e altruístas em suas ações é uma forma de evitar o caminho perverso. Isso significa agir com sinceridade, considerando o impacto de suas ações não apenas em si mesmo, mas também nas pessoas ao seu redor.

- **Autoaperfeiçoamento:** cuidado, o caminho perverso pode evitar o autoaperfeiçoamento e o crescimento pessoal. Isso pode acontecer quando você se recusa a sair da zona de conforto, a enfrentar desafios ou a aprender com seus erros. Buscar constantemente oportunidades de crescimento ajuda a evitar esse desvio.

Não deixe o caminho perverso roubar uma parte de sua vida. Aplicar esse conceito significa agir com integridade, disciplina, empatia e um compromisso contínuo com o autoaperfeiçoamento e colocá-los em prática. Evitar comportamentos egoístas, desonestos ou prejudiciais ajuda a manter um caminho alinhado com valores positivos e virtuosos.

Registre **aí e seja aquele que faz!**

Ponto de reflexão!

1. Qual estratégia você usaria para evitar o caminho perverso na busca de objetivos profissionais e pessoais, garantindo que as suas ações estejam alinhadas com valores éticos e princípios morais sólidos?

2. Quais são os sinais de que alguém está seguindo o caminho perverso em sua vida pessoal, e como isso pode afetar negativamente seus relacionamentos interpessoais e sua saúde mental?

3. Quais são os desafios comuns que as pessoas enfrentam ao buscar traduzir teoria em prática, e como esses desafios podem ser superados para garantir resultados sustentáveis?

O conhecimento só é nosso quando o praticamos.

Pare de tentar

João Pedro sempre foi uma pessoa de muitas ideias, mas pouca ação. Ele tinha sonhos grandiosos; queria escrever um livro, aprender a tocar violão e correr uma maratona. Mas, ano após ano, esses sonhos ficavam apenas no papel.

Um dia, ele encontrou uma velha amiga, Maria Vitória, que sempre o inspirou. Maria, que havia transformado seu hobby de fotografia em uma carreira de sucesso, perguntou sobre seus projetos. João Pedro, envergonhado, admitiu que não tinha avançado muito, ou quase nada.

Maria Vitória sorriu e disse a João: **"Pare de tentar e seja aquele que faz"**.

Essas palavras ficaram ecoando na mente de João Pedro. Ele percebeu que tinha passado muito tempo falando sobre o que queria fazer, mas não agia de verdade. Decidiu que iria mudar.

Naquela noite, João Pedro faz uma lista de seus sonhos e estabeleceu metas claras. No dia seguinte, ele acordou cedo e começou a escrever seu livro, dedicando uma hora por dia à escrita. Inscreveu-se em uma escola de música para aprender violão e reservou 30 minutos por dia para praticar. Também começou um treinamento de corrida focado para correr uma maratona, seguindo rigorosamente a planilha de treinos.

Os meses passaram e João Pedro enfrentou vários desafios. Houve dias em que queria desistir, mas se lembrava das palavras de sua amiga Maria Vitória, "pare de tentar e seja aquele que faz".

Ele perseverou. Terminou o seu livro, que foi publicado e bem recebido pelos amigos e pela crítica. Aprendeu a tocar violão proficientemente e concluiu sua primeira maratona, completando o percurso com um grande sorriso no rosto e orgulho de si mesmo.

João Pedro percebeu que a diferença entre tentar e fazer era a persistência e o compromisso era acreditar e fazer. Ele se transformou em alguém que não apenas sonhava, mas que realizava, transformou as dúvidas em realizações. Cada vez que alcançava um novo objetivo, lembrava-se das palavras de sua amiga Maria Vitória e agradecia pelo conselho que mudara a sua vida.

A história de João Pedro pode perfeitamente ser modelada e adaptada para nossas vidas. É muito comum as pessoas sonharem acordadas e fazerem vários planos que só ficam no papel ou nas primeiras intenções.

Existe uma narrativa muito comum que as pessoas costumam usar cotidianamente utilizando a palavra "TENTAR".

Frequentemente transitamos pelo verbo **"tentar"** afirmando, exclamando, interrogando e por ai vai. "Eu vou tentar", "posso tentar", "você precisa tentar", "eu até tentei tentar", "ele até tentou" e por ai vai.

As pessoas vivem sonhando e tentando.

Muitas pessoas utilizam com frequência a palavra "tentar" no seu vocabulário. Um verbo usado no indicativo, subjuntivo, imperativo e no infinitivo.

Quando colocados ao nosso favor, os pensamentos e as emoções nos permitem realizar coisas extraordinárias, algo muito além do que a princípio julgamos capazes. Se você acredita que pode, você pode. Você não precisa ser necessariamente o número um, mas deve ser o primeiro a acreditar em você e **fazer** o seu melhor, é claro.

Esse acreditar tem que vir de dentro, ser absoluto. Elimine a palavra "tentar". Via de regra a vida conspira a nosso favor, somos nós que muitas vezes conspiramos contra.

Uma das variáveis mais importantes para alcançarmos nossos objetivos e fazermos as coisas acontecerem é você acreditar que é possível, é a mentalidade positiva. Se você for começar um novo hábito, um curso ou realizar alguma coisa, é imperativo que acredite naquilo que vai fazer, inclusive nas pessoas que estão com você e no contexto a sua volta.

Se você coloca dúvida (tentar), dando ouvidos aos seus diálogos internos naquele pensamento, será que vai dar certo e começa a olhar de forma negativa uma situação ou tarefa, já começa perdendo de um a zero, pois estará alimentando um sabotador.

Mentalidade positiva é uma das habilidades mais importantes e é um terreno fértil para você fazer qualquer coisa e desenvolver qualquer outra habilidade, atividade ou comportamento.

Se você quer ter sucesso no lançamento de um produto ou serviço, mentalidade positiva é um terreno fértil. Se você quer iniciar uma atividade física, mentalidade positiva é um terreno ideal. Se você vai participar de algum campeonato, mentalidade positiva é o terreno da vitória. Se você vai participar de uma reunião importante para o fechamento de um grande contrato, mentalidade positiva é o terreno do resultado.

Quanto mais pensamentos positivos você tem, mais sentimentos e atitudes positivas você terá. Pensamentos geram sentimentos, que geram comportamentos, hábitos, ações e resultados.

Que fique bem claro, mentalidade positiva é superimportante, **mas é somente por meio do fazer que as coisas de fato acontecem.** Lembrem-se do caminho perverso.

Do ponto de vista da neurociência, ela diz que, fisicamente, o pensamento não é algo tangível, assim como as emoções. Mas o pensamento tem uma base física, que é a rede neural. Ela nada mais é do que um grupo de células cerebrais que se comunicam, passam informações entre si por sinapses elétricas ou químicas.

O pensamento é um processo complexo que envolve o cérebro e suas conexões neurais, mas também as emoções. A neurociência estuda como o cérebro cria e processa ideias. O cérebro conta com bilhões de neurônios que se comunicam por meio de sinapses. A criação de ideias e pensamentos envolve a ativação de diferentes regiões do cérebro. O lado esquerdo é o responsável pelo nosso racional e o lado direito responsável pelas emoções.

O nosso cérebro não sabe diferenciar o que é real de uma experiência, essa é outra constatação da neurociência.

Fizeram uma experiência há alguns anos com um pianista, colocando vários eletroencefalogramas em sua cabeça, então, pediram para ele tocar uma música enquanto mapeavam as áreas do seu cérebro que foram afetadas. Depois pediram para ele ir pra outra sala idêntica à primeira, sentar em uma cadeira também idêntica e que ele apenas imaginasse que estava tocando aquela mesma música. Os cientistas descobriram que as áreas que foram afetadas quando ele estava tocando o piano foram as mesmas de quando ele estava imaginando tocar a música (Marcos Strider – Psicólogo).

Esse estudo mostra que se você acredita, o seu cérebro vai se comportar como se fosse verdade e reagir assim, porque ele não consegue distinguir o que é uma experiência do que é real.

Nosso cérebro age e reage conforme as nossas emoções. Quando percebe que estamos felizes e positivos, ele joga em nossa corrente sanguínea hormônios de excelente qualidade que modulam nosso bem-estar.

Quando estamos tristes, preocupados e em uma frequência negativa, ele não perdoa, lança em nosso organismo hormônios de péssima qualidade, provocando mal-estar e comprometendo nossa capacidade cognitiva, o que inevitavelmente irá impactar os resultados.

Por isso, devemos ter muito cuidado com a forma que alimentamos nosso cérebro, principalmente com a carga negativa de nossos próprios pensamentos.

Nunca é demais lembrar que nossos resultados serão sempre na justa medida do esforço e da disciplina que colocamos em nossas ações, sem esquecer um importante componente dessa equação, a mentalidade positiva.

Particularmente não gosto, não pratico e não vejo a palavra "tentar" com bons olhos, pelo contrário, vejo de forma negativa.

De novo: "mas, Antônio, se eu não tentar, como vou saber se vai dar certo?". Fazendo, não existe outro jeito. Essa é a filosofia da jornada do samurai.

Na jornada do samurai, **não existe a palavra "tentar"**, no que diz respeito ao esforço e à disciplina não existem tons de cinza, ou é preto ou branco, ou seja, **ou você faz ou não faz**.

Se vai dar certo, é outra história!

Este pode ser apenas um ponto de vista ou uma forma positiva de enxergar as coisas, mas já existe embasamento cientifico, ou seja, as nossas emoções modulam a produção de hormônios que impactam nossas ações e resultados.

É bastante lógico que, quando a pessoa tem dúvidas, ela diga que vai tentar. Diferentemente de quando você está confiante e simplesmente diz: "**eu vou fazer**". Uma afirmação tem um forte impacto psicológico e reverbera diretamente no resultado. O comportamento padrão é o cérebro se proteger ao menor sinal de perigo, dúvida ou dificuldade. Pra não dizer não, a pessoa diz que vai tentar, e normalmente quem tenta não faz, pelo menos com resultado satisfatório.

O nosso cérebro é uma máquina fantástica, capaz de realizar feitos extraordinários, mas também é, como diz alguns estudiosos, meio burro. É um grande processador e cumpridor de ordens, capta tudo aquilo que enviamos para ele e joga no seu HD.

A mensagem é processada de acordo com a qualidade da informação enviada. Podemos manobrar nosso cérebro como quisermos, bastando para isso alimentá-lo de acordo com nossa conveniência.

Quando eu falo que vou tentar, envio uma mensagem de dúvida para o cérebro, diferente de uma decisão irrefutável quando digo **"vou fazer"**. A afirmação é poderosa e tem um efeito positivo no resultado.

O pensamento positivo, técnicas de afirmação ou qualquer outro método não garantem resultados, contudo, se somam à **maior ferramenta de todas, que é o fazer**. Quando existe esse senso colaborativo, as coisas acontecem.

As coisas nem sempre vão sair como desejamos, pode bater na trave e dar errado sim. Isso normalmente acontece antes de dar certo.

A palavra tem poder, quem já não ouviu essa frase?

De fato ela tem poder quando acompanhada com uma ação, uma atitude positiva e do fazer. Não adianta dizer: eu sou rico, eu sou rico, sou feliz, sou feliz e não fazer nada nessa direção, não fazer o que precisa ser feito.

Nada é tão poderoso diante dos nossos objetivos quanto o fazer. Se der errado, faz de novo, muda a rota e faz de novo.

Ninguém vai fazer por você, muito menos Deus. Pense duas vezes.

Contudo, você pode pedir o que quiser pra Deus, desde que responda sim para duas perguntas:

- Eu mereço?
- Eu estou fazendo a minha parte?

Jesus disse: "faça a sua parte que eu te ajudarei". Ele não disse: "me chama que eu faço". Simples assim!

Como diz um ditado japonês: "se cair sete vezes, levante oito".

Se errar faz de novo, se não der certo, muda a rota e faz de novo, muda a estratégia e faz de novo, mas não se detenha, porque a derrota não é opção.

Certa vez, eu estava assistindo a uma palestra sobre alta performance e nutrição e o palestrante, após concluir uma linha de raciocínio de sua fala, abriu para perguntas. Uma jovem que estava na plateia, toda empolgada com o assunto se dirigiu ao mesmo com a seguinte narrativa: eu até tentei tentar, mas....

Perceba o nível de dificuldade e crença dessa jovem acerca de uma simples decisão de fazer. Se não bastasse tentar, o que já é dúvida, ela conseguiu piorar a situação, **ela tentou tentar!** Simplesmente colocou mais um cadeado nas portas de um resultado positivo.

Registre **aí**. Pare de tentar e **seja aquele que faz!**

Ponto de reflexão!

1. Liste todos os seus sonhos que ainda estão no papel e estabeleça metas claras para realizá-los no curto, médio e longo prazo. Use como parâmetro a história de João Pedro.
2. Como a mentalidade positiva pode influenciar a transição de sonhar, esquecendo a palavra "tentar" e proficientemente partindo para fazer?
3. Quais estratégias você utiliza para manter uma mentalidade positiva quando está buscando transformar seus sonhos em realidade?
4. Você acredita que ter uma mentalidade positiva aumenta suas chances de fazer o que é necessário para realizar seus sonhos? Por quê?

*Quando você tenta, significa que, em algum nível, está com dúvida.
Diferente de quando você diz: Eu vou fazer.
Se vai dar certo, é outra história.
Muda a rota e faz de novo, de novo e de novo!*

O excesso é o mesmo que a insuficiência

Tanto o general quanto o soldado raso não devem ter demasiado gosto ou desgosto por uma arma, devem fazer ajustes para se adaptar a todas elas. A arma deve ser compatível com seu cacife.

Miyamoto Musashi, mestre samurai, enfatizava esse pensamento em *O livro dos cinco anéis* aos seus discípulos, que o excesso é o mesmo que a insuficiência.

Esta é uma estratégia do contexto de guerra, mas que pode ser aplicada perfeitamente à nossa vida cotidiana.

No tempo do Japão feudal, um samurai se destacava por desenvolver várias habilidades, tanto na arte da espada, alabarda, arco e flexa, espingarda, artes marciais, entre outras. Conhecer as vantagens e desvantagens das armas era um diferencial de um grande guerreiro. Um samurai não tinha predileção demasiada por algum armamento.

Você já se perguntou quais são seus pontos fortes e pontos fracos? Em que você é bom de verdade?

Na vida cotidiana podemos observar que, quando as pessoas estão com medo ou inseguras, elas buscam compensar em alguma coisa. Toda vez que a pessoa está fazendo algo em excesso, está querendo compensar outra coisa, uma rejeição, insegurança, pelo motivo de não ser visto, amado, reconhecido ou aceito, etc.

O excesso é o mesmo que a insuficiência, e pode ser extremamente prejudicial.

Há também as situações que as pessoas podem estar também acumulando coisas, gastando muito, fazendo compras exageradas sem precisar (sapatos, roupas, joias, perfumes...).

As pessoas podem estar bebendo muito, trabalhando além da conta, usando drogas, viajando demais, estudando demasiadamente, entre outros. Isso funciona como uma válvula de escape para uma decepção amorosa, perda de um ente querido ou demissão do emprego, por exemplo.

Ela está fazendo alguma coisa em excesso porque está faltando algo em sua vida, existe uma carência.

Às vezes a pessoa compra determinado objeto e fica sem um centavo no bolso, ou assume uma dívida de médio e longo prazo, só para mostrar para outras pessoas, para ser visto, reconhecido e aceito. Ela tem necessidade e quer desesperadamente parecer ser ou pertencer a um grupo X ou Y.

Existem também as situações em que a pessoa passa grande parte do seu tempo conectado às redes sociais e esquece suas obrigações. Perde-se em comparações e expectativas e negligencia outras áreas da vida, seus relacionamentos, trabalho ou autocuidado. A pessoa começa a viver equivocadamente em um mundo de faz de conta em que todo mundo aparentemente é feliz.

Esse também é um caminho perverso, como falamos anteriormente. Racionalmente a pessoa sabe que esse excesso está prejudicando seus resultados e sua vida, tirando seu foco, mas não consegue sair por falta de disciplina. Ela tem um aparelho celular de última geração, mas a parede de sua casa é de reboco.

Todos nós em algum momento canalizamos nossa atenção a um projeto ou situação específica, e isso é bom, trabalha foco e disciplina, é saudável e produtivo. Só temos de tomar cuidado com o excesso.

Observe se não está fazendo alguma coisa em excesso.

Buda falava do caminho do meio, no qual buscamos o equilíbrio.

Esse conceito pode ser estendido a todos os aspectos da vida. Em termos de estratégia, negócios e vida pessoal, tanto o excesso (como ser excessivamente agressivo ou assumir demasiados riscos) quanto a insuficiência (como ser demasiado cauteloso ou não fazer o suficiente) podem levar a resultados negativos, o ideal é encontrar um meio-termo que permita eficácia e harmonia.

Portanto, a frase "o excesso é o mesmo que a insuficiência" enfatiza a sabedoria de buscar sempre a justa medida em todas as ações, evitando os extremos que podem comprometer o sucesso e o bem-estar.

Para ser mais didático e direto ao ponto, registre alguns tópicos em diversas áreas de sua vida considerando as três situações: excesso, insuficiência e equilíbrio.

1. Trabalho e carreira

- **Excesso:** trabalhar horas excessivas pode levar a burnout, problemas de saúde e desiquilíbrio entre vida pessoal e profissional.
- **Insuficiência:** trabalhar insuficientemente pode resultar em falta de progresso, desenvolvimento de carreira lento, insatisfação e até demissão.
- **Equilíbrio:** encontre um ponto em que você se sinta produtivo, mas que ainda tenha tempo para descansar e desfrutar de sua vida pessoal.

2. Saúde e exercício

- **Excesso:** exercícios físicos em excesso podem causar lesões, fadiga extrema e esgotamento.
- **Insuficiência:** a falta de atividade física pode levar a problemas de saúde como doenças cardíacas, diabetes, obesidade e perda de massa muscular.
- **Equilíbrio:** mantenha uma rotina de exercícios regular e moderada, adaptada às suas necessidades e à sua capacidade física.

3. Alimentação

- **Excesso:** comer em demasia pode levar a problemas de saúde como diabetes, pressão alta, obesidade entre outras.

- **Insuficiência:** não comer o suficiente pode levar à desnutrição e à falta de energia e também gerar problemas de saúde.
- **Equilíbrio:** adotar uma dieta balanceada e fazer uma reeducação alimentar que forneça todos os nutrientes necessários é o recomendado.

4. Relações pessoais

- **Excesso:** ser excessivamente disponível ou dependente pode sufocar relacionamentos e criar dependência emocional.
- **Insuficiência:** a falta de atenção e tempo para os entes queridos pode levar ao afastamento e ao enfraquecimento dos laços.
- **Equilíbrio:** cultive relacionamentos saudáveis, dedicando tempo e atenção adequada sem exageros. Inclusive, uma pesquisa de Harvard considerada a mais longa (+ 80 anos e já está na quarta geração de pesquisadores) mostrou que o principal motivo para uma vida feliz e longeva são os relacionamentos qualitativos.

5. Aprendizado e desenvolvimento pessoal

- **Excesso:** obsessão por aprender ou adquirir novas habilidades pode causar sobrecarga mental.
- **Insuficiência:** negligenciar o aprendizado pode levar à estagnação e falta de crescimento pessoal.
- **Equilíbrio:** engaje-se em aprendizado contínuo de maneira que seja estimulante e gerenciável, sem sobrecarregar.

6. Finanças pessoais

- **Excesso:** gastar excessivamente pode levar ao endividamento e à instabilidade financeira.
- **Insuficiência:** ser excessivamente econômico pode resultar em uma vida de privações e falta de investimentos em experiências valiosas.

- **Equilíbrio:** planeje e controle os gastos de maneira consciente, permitindo poupar e investir, mas também desfrutar de momentos e experiências.

7. Lazer e tempo livre

- **Excesso:** excesso de lazer pode levar à procrastinação e à falta de produtividade.
- **Insuficiência:** falta de tempo livre pode resultar em estresse e esgotamento mental.
- **Equilíbrio:** encontre um tempo adequado para relaxar e se divertir, sem comprometer responsabilidades.

Evite os excessos e as insuficiências, não se compare, a não ser com você mesmo, não imite os outros. As suas atitudes devem ser compatíveis com seus valores, consigo mesmo e de acordo com seu cacife, elas devem promover bem-estar sustentável e momentos de satisfação para uma vida plena e feliz.

Registre aí e **seja aquele que faz**, sem excessos.

Ponto de reflexão!

1. Liste os seus hábitos e atitudes que podem ser considerados eventuais excessos e insuficiências.
2. Como você pode criar uma rotina diária que inclua momentos equilibrados de trabalho, descanso e lazer, garantindo que nenhum desses aspectos seja negligenciado ou exagerado?
3. Quais estratégias você pode implementar para monitorar e ajustar seus hábitos de gasto, assegurando-se de que está economizando o suficiente para o futuro, mas também permitindo-se desfrutar de momentos e experiências no presente?

_____

_____

_____

_____

"As suas armas devem ser compatíveis com seu cacife".
(Miyamoto Musashi)

O desleixo é o caminho do fracasso

Arakaki era um jovem promissor, com talento natural que o destacava entre muitos. No entanto, com o passar do tempo, ele começou a se tornar permissivo, confiando mais em suas habilidades inatas do que no rigor do treinamento. O que ele não percebia era que o desleixo, mesmo que em pequenas doses, poderia se transformar em seu maior inimigo. Seu mestre, Enio Sensei, observava essa mudança com preocupação.

"Cuidado, Arakaki", advertiu Enio Sensei em uma manhã nublada. O desleixo é um veneno sutil que, uma vez ingerido, corrói lentamente a determinação e a disciplina. Ele é o caminho certo para o fracasso. Arakaki, no entanto, não deu ouvidos, acreditando que sua destreza natural seria suficiente para superar qualquer desafio.

Mas a realidade logo provou o contrário. Em uma importante competição, Arakaki se viu superado por adversários menos talentosos, mas que haviam treinado com mais dedicação e zelo. Foi uma lição dolorosa, mas essencial. Ele percebeu que o desleixo não apenas enfraquece as habilidades, mas também destrói a confiança e o respeito próprio.

A história de Arakaki nos ensina que a falta de disciplina e a complacência podem minar o potencial de qualquer indivíduo, que o verdadeiro sucesso não vem apenas do talento, mas da persistência, do esforço constante e da dedicação incansável.

Quantas vezes você já fez alguma coisa no automático?

Pense nesta cena: você está lavando a louça do almoço e pensando na morte da bezerra, sem de fato estar 100% presente. Isso é muito comum acontecer, as pessoas fazem no automático, já virou uma rotina da dona de casa, e muitas vezes essa rotina é realizada com desleixo.

Significa que, se você não encontrar um significado naquilo que está fazendo, por mais simples que seja, o resultado vai ser meia-boca. Nesse caso, a louça e a pia não ficarão devidamente higienizadas, deixando um rastro de gordura e sujeira.

Ao fazer a leitura deste livro, se for feita de forma desleixada, no automático, o conteúdo não será absorvido, muito menos colocado em prática.

O desleixo deixa um rastro que fomenta falhas.

Se você fizer algo de maneira desleixada, provavelmente vai cometer erros. Muitas pessoas fazem as coisas de forma desleixada, e normalmente quando você faz uma coisa com desleixo, você terá tendências a fazer outras, a coisa se torna um padrão. E padrão não é o que você diz, é o que você faz e tolera. Isso está associado à falta de propósito e à indisciplina e vai impactar os seus resultados.

Quando você é uma pessoa disciplinada, você faz as coisas com esmero, desde a tarefa mais simples aos projetos mais importantes. Isso traz significado para tudo, não importa se você é uma dona de casa e está lavando sua louça, se é um advogado, faxineiro ou CEO de uma multinacional, você não faz por obrigação, mas como missão e vocação. Você faz o que faz por um motivo maior.

A ideia é maximizar a satisfação pessoal e profissional. Você precisa encontrar todos os dias significado naquilo que faz, no âmbito pessoal e nas relações de trabalho.

Esse novo olhar no trabalho e nas relações torna as tarefas mais agradáveis, gera mais resultados nos seus projetos pessoais e nas organizações, transformando em vocação a rotina de uma carreira estagnada e sem sentido, o que acontece com muitas pessoas.

Pesquisas podem nos ajudar a entender como enxergamos o nosso trabalho. Na Universidade de Michigan, as psicólogas organizacionais

Amy Wrzesniewski e Jane Dutton realizaram um estudo revelador. Elas identificaram que as pessoas encaram seu trabalho de três maneiras distintas, a saber:

- Há pessoas que **enxergam o trabalho**, sobretudo, como um serviço, uma tarefa que você realiza apenas por necessidade, porque precisa do salário. Não há muitas opções para você quando se fala em serviço. Se você se enquadra nessa categoria, experimenta um sentimento de obrigação.
O que espera quando está fazendo um serviço?
Talvez o fim do turno, o fim da semana, as tão esperadas férias ou o dia em que você possa finalmente se aposentar.

- Existem **outras** pessoas que **enxergam o trabalho** principalmente **como** uma **carreira**, subir os níveis organizacionais.
Para elas é tudo uma questão de estar na correria e chegar à frente. Encarar o trabalho como uma carreira levando-os a se voltar para o futuro e para as recompensas. Você está motivado no trabalho porque quer avançar, está ávido pelo aumento, pelo bônus e pela promoção.

- **Finalmente, existem pessoas que enxergam o trabalho como vocação**, essas pessoas o experimentam como algo que tem propósito. Você realmente se importa com o que faz, gosta e tem paixão por fazê-lo para além do sentimento de dever ou necessidade do salário. Seu trabalho tem importância para você, é significativo.

Uma grande parte das pessoas experimenta as três perspectivas em tempos diferentes.

Há dias em que nosso trabalho é uma labuta, há dias em que estamos concentrados em seguir em frente, e há dias em que, amamos o que fazemos.

Qual é a sua percepção? Como você se sente em relação ao seu trabalho de uma maneira geral?

Com qual das três opções a seguir você mais se identifica:

- Enxergo meu trabalho como **um serviço**. Não gosto dele, mas tenho que fazer.

- Enxergo meu trabalho como **uma carreira**. Meu objetivo é, sobretudo, obter progresso e conquistar sucesso.

- Enxergo meu trabalho principalmente como **uma vocação**. Sou apaixonado pelo que faço, **eu contribuo com o resultado da empresa** e o encaro como significativo.

Wrzesniewski e Dutton foram a vários locais de trabalho e estudaram os funcionários, identificando-os e agrupando-os segundo essas mentalidades.

Em um estudo, elas visitaram hospitais e falaram com funcionários em diferentes cargos e posições. O primeiro grupo em que se concentraram foram os zeladores, responsáveis por varrer o chão, limpar os banheiros e trocar os lençóis todo santo dia. Entre os responsáveis pela limpeza, elas encontraram aqueles que encaravam o trabalho como um serviço. Eu faço isso porque não tenho escolha, tenho que ganhar dinheiro para me sustentar. Mal posso esperar pelo fim do meu turno.

Depois haviam responsáveis pela limpeza que executavam as mesmíssimas tarefas, mas enxergavam o trabalho como uma carreira. Para eles, tratava-se de um trabalho para chegar ao patamar seguinte.

Ainda, havia os responsáveis pela limpeza nesses mesmos hospitais, varrendo o chão, limpando banheiros, trocando lençóis que enxergavam o trabalho como vocação, parte de algo muito importante. Estavam contribuindo para o trabalho dos médicos e das enfermeiras e para que os pacientes se curassem.

Não foi surpresa que o terceiro grupo de responsáveis pela limpeza, que considerava seu trabalho significativo, também agia diferente. Eram, de maneira geral, mais generosos e solícitos, mais amigáveis e mais propensos a conversar com os pacientes sobre o bem-estar deles.

Naturalmente esse grupo tinha seus dias ruins, mas, no geral, eles enxergavam seu trabalho como vocação. O mesmo padrão se repetiu nas pesquisas com outras profissões, como médicos, enfermeiros, engenheiros, professores, banqueiros.

Descobriu-se que **a perspectiva dominante na vida faz toda diferença no que diz respeito ao bem-estar geral**, bem como ao modo que você acaba se saindo nesse trabalho em longo prazo. O resultado é proporcional e na justa medida dessa percepção.

Independentemente da forma que você enxerga seu trabalho, existe um ponto importante a ser observado. Mesmo que não goste de seu trabalho, faça o seu melhor, nunca com desleixo, ele deixa um rastro que fomenta falhas e fracasso.

Para superar o desleixo e adotar uma perspectiva mais cuidadosa e diligente, é importante implementar mudanças práticas e desenvolver hábitos positivos. Podemos observar algumas estratégias para ajudar a abandonar o desleixo e promover atitudes mais responsáveis, a saber:

- **Estabeleça metas claras:** defina objetivos e determine metas específicas, mensuráveis, alcançáveis, relevantes e com prazo (Smart) para diferentes áreas de sua vida. Crie um plano de ação e descreva os passos necessários para alcançar essas metas, dividindo-as em tarefas menores e mais gerenciáveis.

- **Organização e planejamento:** use ferramentas de organização, utilize agendas, aplicativos de tarefas ou listas de verificação para acompanhar compromissos e prazos. Estabeleça rotinas diárias ou semanais para garantir que as tarefas importantes sejam realizadas regularmente.

- **Desenvolva a atenção aos detalhes:** revise seu trabalho antes de considerá-lo concluído. Pequenos ajustes podem evitar grandes problemas. Preste atenção aos feedbacks, esteja aberto a eles e use-os para melhorar suas práticas e corrigir possíveis falhas.

- **Cultive a disciplina:** crie hábitos positivos, pratique ações diárias que reforcem a disciplina, como arrumar a cama pela manhã, manter seu espaço de trabalho organizado e cumprir horários. Evite a procrastinação e identifique suas causas no caso de estar procrastinando e encontre maneiras de superá-las, como dividir tarefas grandes em partes menores ou usar técnicas de gerenciamento do tempo, como a técnica de Pomodoro.

- **Cuide da saúde e do bem-estar:** garanta que está dormindo o suficiente, comendo de forma equilibrada e praticando exercícios regularmente. A boa saúde física e mental é fundamental para manter a diligência. Gerencie também o estresse, encontre maneiras de lidar com ele, como a meditação, hobbies relaxantes ou conversar com amigos e familiares.

- **Mantenha a motivação:** reconheça e recompense seu próprio progresso. Celebrar pequenas conquistas pode manter a motivação em alta. Busque inspiração nos livros, assistindo a palestras e cursos, procure mentores que inspirem e motivem você a manter-se diligente.

- **Assuma responsabilidades:** reconheça os seus erros, a palavra é "autorresponsabilidade", trabalhe para corrigir os problemas. Evitar a culpa e aprender com os erros é crucial. Comprometa-se com excelência, faça um compromisso pessoal de sempre buscar a sua melhor versão, a melhor qualidade possível em tudo o que você faz.

- **Construa um ambiente de suporte:** rodeie-se de pessoas positivas, esteja perto de pessoas que também valorizam a diligência e a responsabilidade. Um ambiente de apoio pode te incentivar a melhorar os hábitos. Compartilhe seus planos e fale de suas metas com amigos ou familiares para criar um senso de responsabilidade e obter apoio.

Implementando essas estratégias, você pode transformar hábitos desleixados em uma abordagem mais cuidadosa e diligente, promovendo uma vida mais equilibrada e produtiva.

A dedicação e o esmero conduzem aos melhores resultados.

Registre aí e **seja aquele que faz!**

Ponto de reflexão!

1. Você sente que está dedicando tempo suficiente para revisar a qualidade do seu trabalho antes de finalizá-lo? Se não, quais são os principais obstáculos que o impedem de fazer isso?

2. Quais aspectos do seu trabalho você acha que poderiam se beneficiar de mais atenção aos detalhes ou de uma abordagem mais meticulosa? Como você pode integrar práticas para melhorar esses aspectos?

3. Você já notou algum impacto negativo, seja em seus resultados ou na colaboração com colegas, devido a um possível desleixo

em suas tarefas? O que você acha que pode ser feito para evitar esses problemas no futuro?

4. De zero a dez, qual é o seu grau de satisfação com seu trabalho? Como você enxerga seu trabalho hoje: um serviço, uma carreira ou uma vocação? Comente sua resposta.

A forma com que você faz uma coisa pode se tornar um padrão.

Crie um padrão de excelência.

A capacidade de improvisar

Na vida precisamos aprender a lidar com situações que fogem ao nosso controle. Somos bombardeados o tempo todo com informações e estímulos de todos os lados, fora os imprevistos da vida cotidiana. Não é nada fácil conseguir manter o foco e a disciplina sem deixar que esses estímulos interfiram em nossos resultados.

O que podemos controlar são as nossas atitudes respostas e reações diante daquilo que acontece. Não é o que acontece, mas o que podemos fazer com aquilo que acontece.

Lidar com o previsto é relativamente fácil, se considerarmos que podemos nos preparar. E o imprevisto, como você se comporta?

Qual era a estratégia dos samurais para lidar com isso?

Eles trabalhavam muito a capacidade de improvisar. A arte marcial ensina muito isso, essa técnica que pode ser aplicada na vida cotidiana. Esse comportamento está relacionado a fundamentos, valores e uma boa base.

Tudo que fazemos repetidamente se torna simples e cada vez mais fácil e por consequente eficiente. Aristóteles dizia que somos aquilo que fazemos repetidamente. Excelência então não é um ato, mas um hábito.

Nas artes marciais, os praticantes aprendem e repetem um movimento centenas, milhares de vezes até que aquilo se torne automático, criando uma memória muscular, sem que precise pensar para executar o movimento, a pessoa simplesmente percebe e reage na medida adequada.

Esse estado mental que é usado principalmente nas artes marciais, mas pode ser utilizado em qualquer área de nossas vidas se chama *mushin* — mente perceptiva e vazia. É uma expressão usada para uma mente livre do ego e das suas afirmações.

Podemos afirmar também que *mushin* significa não esperar ou escolher por nada, mas perceber e aceitar plenamente o que o "universo" oferece. É a presença integral, focada e interativa com o ambiente, com quem nos cerca e consigo mesmo. É estar livre e perceptivo, e não se deixar afetar por nada daquilo que for percebido. As ações não vêm de "decisões momentâneas", o que demanda pensamento, e consequentemente geram emoções capazes de comprometer as respostas e reações. Elas simplesmente surgem da leitura específica proporcional e adequada, ao evento em andamento.

A capacidade de improvisar advém da memória muscular. Tudo aquilo que você faz e repete várias vezes ficará no seu inconsciente, assim, quando surgir um imprevisto e tiver que dar uma resposta, você vai repetir o padrão que está acostumado a fazer, que treinou e praticou muitas vezes.

Por isso é importante fazer as coisas com esmero e atenção, sempre entregando o seu melhor. Porque o padrão se repete e fica gravado tanto para as tarefas bem feitas, quanto para aquelas realizadas de maneira desleixada.

Se você está acostumado a fazer uma tarefa meia-boca, você vai repetir esse padrão meia-boca no momento que precisar improvisar. Ao passo que se você treina e faz as coisas sempre dando o seu melhor, quando precisar improvisar, este será o seu padrão de memória muscular, você vai fazer o movimento e a tarefa bem feita, com melhor resultado e sem correr riscos.

Imagina uma situação de um lutador em que seu mestre pede para ele fazer uma determinada técnica com padrão três vezes, ele por desleixo entende que o padrão três vezes não é necessário e treina a técnica com padrão duas vezes. Só que na hora da luta o seu adversário é especialista no padrão três vezes, que é mais eficiente e contundente, requerendo mais treino e disciplina. O que vai acontecer? Não preciso nem dizer que ele vai tomar um atraso do seu adversário, ou seja, será derrotado, por desleixo e indisciplina.

Se você não construir uma memória muscular disciplinada, não terá uma boa base e a sua capacidade de improvisar será consideravelmente comprometida.

Para conseguir fazer o seu melhor, você precisa moldar o seu caminho com disciplina e equilíbrio. Os samurais eram especialistas naquilo que faziam, não davam passos largos, conheciam os riscos e sabiam que poderiam se desequilibrar se dessem um passo maior que a perna ou deixassem de dar esse passo e seriam derrotados. Uma boa base tem a ver com valores e ajuda a construir uma passada firme e equilibrada.

A história do bambu chinês é um bom exemplo de se ter raízes profundas e construir uma boa base.

Conta que durante quase cinco anos todo o crescimento do bambu é subterrâneo, invisível aos olhos. Uma maciça e fibrosa estrutura de raízes se estende vertical e horizontalmente pela terra, sendo construída. Durante quatro anos praticamente só se vê um diminuto broto. No final do quinto ano o bambu começa a crescer de maneira vistosa e acelerada até atingir uma altura de aproximadamente 25 metros. O bambu é uma das plantas que mais crescem no mundo.

Depois de criar raízes, o seu foco é crescer pra cima.

Muitas coisas na vida, pessoal e profissional, são iguais ao bambu. Você trabalha, investe tempo, esforço, faz tudo o que pode para crescer e, às vezes, não se vê nada por semanas, meses ou anos. Mas, se tiver paciência e continuar trabalhando, persistindo com constância e consistência, o seu quinto ano chegará e com ele o crescimento e mudanças suficientes para atingir seus resultados. Você terá criado a base necessária para ter equilíbrio e improvisar de forma assertiva diante da vida e das adversidades.

Existem vários fatores que fazem o bambu ser resistente e resiliente. Entretanto, a flexibilidade é uma das principais lições que extraímos da natureza e que podemos aplicar na nossa vida pessoal e profissional.

Assim como os samurais e o bambu, Carl Jung escreveu acerca de criar raízes e ter uma boa base: "Qualquer árvore que queira tocar os céus precisa ter raízes tão profundas a ponto de tocar o inferno".

Você pode modelar esse exemplo aplicando princípios claros em sua vida. Essa é a base que você deve construir se deseja ter resultados.

Suas atitudes devem estar alinhadas com seus princípios e valores, porém, muitas pessoas não sabem ao certo quais são. Para aplicá-los na sua vida, você precisa de clareza e saber diferenciá-los.

Os princípios são inegociáveis e incontestáveis, dão base para a formação dos valores. Enquanto os princípios são pressupostos universais que definem regras essenciais que beneficiam um sistema maior que é a humanidade, valores são regras individuais que orientam como bússolas internas as relações, decisões e ações. Os valores são pessoais, subjetivos e, acima de tudo, contestáveis. O que vale para você não vale necessariamente para outras pessoas. Sua aplicação pode ou não ser ética e depende muito do caráter ou da personalidade da pessoa que os adota.

Se o que estou fazendo não está alinhado com meus valores, então não devo fazer.

Lembrando que valores não são aquilo que eu digo, mas aquilo que eu pratico. Se eu sou desonesto ao oferecer um produto ou serviço de má qualidade ao meu cliente ou qualquer outra circunstância, significa que a desonestidade é um de meus valores.

Quando você tem princípios e valores claros, isso vai favorecer seus resultados, você vai usar isso ao seu favor.

Se você tem a disciplina como um valor, os seus resultados podem se tornar muito mais significativos. A mudança se torna mais simples quando se vive com princípios claros.

Você só consegue construir uma boa base se tiver clareza de objetivos, princípios e valores alinhados de forma congruente — pensamento, discurso e ação.

Toda vez que surgir uma situação diferente e inesperada que tenha que agir, você vai buscar em seu inconsciente como fazer, ou seja, a sua memória muscular, e isso está ligado ao que você treinou e aos seus valores.

As pessoas se perdem quando não têm princípios e valores claros.

Quando um caminhão de cargas tomba em um local qualquer (alta estrada), o que normalmente acontece? A carga é saqueada por pessoas que têm como valor a desonestidade. Mas se a honestidade for um princípio para essa pessoa, ela vai ajudar o motorista. A pessoa vai buscar no seu inconsciente aquilo que costuma praticar, que tem a ver com seu caráter e sua memória muscular.

A capacidade de improvisar está relacionada à base que você construiu e à sua memória muscular, que é aquilo que está acostumado a fazer cotidianamente, e principalmente aos seus princípios e valores.

Devemos entender a importância de desenvolver nossa capacidade de improvisar em diversas situações, e sempre preservando princípios éticos, morais e valores pessoais. Alguns improvisos podem ser entendidos considerando situações, a saber:

- **Adaptabilidade em ambientes de trabalho dinâmicos:** a habilidade de improvisar permite resolver problemas inesperados de forma rápida e eficiente. Em um ambiente de trabalho em constante mudança, a capacidade de adaptar-se às novas situações requer flexibilidade para manter a produtividade. Improvisar pode levar a soluções inovadoras que talvez não fossem consideradas em um plano estritamente linear.

- **Manutenção de princípios e valores:** mesmo ao improvisar, é fundamental que as soluções respeitem os princípios e os valores pessoais e da organização. Deve-se manter uma comunicação clara e honesta durante o improviso, isso garante que todos os envolvidos estejam cientes das ações tomadas e dos motivos por trás delas. No caso das empresas, deve-se garantir que as decisões improvisadas estejam alinhadas com sua missão e seus valores organizacionais.

- **Relacionamentos interpessoais:** a habilidade de improvisar em interações sociais e profissionais pode construir confiança em colegas e superiores. Improvisar eficazmente muitas vezes requer uma compreensão empática das necessidades e perspectivas dos outros, fortalecendo a comunicação e colaboração.

- **Gestão de crises:** durante crises, a capacidade de improvisar permite uma resposta rápida e eficaz, minimizando danos. Mesmo em situações de improviso, é essencial basear decisões em informações precisas e atualizadas, preservando a segurança e os valores pessoais e organizacionais.

- **Desenvolvimento pessoal e profissional:** a improvisação estimula o aprendizado e a aquisição de novas habilidades, melhorando a adaptabilidade e a resiliência. Também aumenta a confiança em tomar decisões e a autonomia no trabalho.

- **Eficiência operacional:** improvisar pode ajudar a otimizar recursos, encontrando soluções alternativas quando os recursos planejados não estão disponíveis. Ao encontrar soluções criativas, pode-se reduzir o desperdício de tempo e materiais.

- **Exemplo práticos de improvisação bem-sucedida:** nos projetos de última hora, quando prazos apertados surgem inesperadamente, a capacidade de improvisar pode garantir a entrega de alta qualidade. Adaptar estratégias de marketing ou vendas rapidamente em resposta a uma mudança no mercado pode manter a competitividade da empresa.

- **Desafios da improvisação**
Risco de inconsistência: improvisar sem entendimento claro dos princípios e valores pode levar a decisões inconsistentes.
Necessidade de feedback: é importante buscar feedback contínuo para garantir que as soluções improvisadas estejam funcionando e ajustá-las conforme necessário.

É importante haver equilíbrio entre planejamento e improvisação, isso pode oferecer uma vantagem significativa em enfrentar o inesperado. Deve-se manter os princípios e valores durante os imprevistos, garantindo assim soluções não apenas eficazes, mas também alinhadas com a identidade e a integridade da organização. Essas são premissas básicas para o sucesso tanto pessoal quanto organizacional em um mundo em constante mudanças.

Registre aí e **seja aquele que faz!**

Ponto de reflexão!

1. Em situações imprevistas ou quando os planos não saem como esperado, como você avalia sua capacidade de improvisar soluções eficazes e criativas? Compartilhe um exemplo recente

em que teve que improvisar e o impacto que isso teve no resultado final?

2. Quais estratégias você utiliza para desenvolver e melhorar sua capacidade de improvisar, especialmente em situações de alta pressão ou incerteza?

"Qualquer árvore que queira tocar os céus precisa ter raízes tão profundas a ponto de tocar o inferno".
(Carl Jung)

Transformando pessoas em verbos

A proposta de transformar nomes de pessoas em verbos pode soar estranho para os olhos de uns, disruptiva para outros ou impossível para a maioria, principalmente do ponto de vista da gramática. Porém, pode ser transformadora e fonte de inspiração para muitas pessoas.

Quando incorporamos os valores, princípios e ações de indivíduos notáveis em nossa vida, reforçamos a importância de suas contribuições que vão nos motivar a nos comprometermos a seguir seus exemplos.

Imagine cada verbo carregando a essência e os valores representados por disciplina, justiça, respeito, compaixão, honra, honestidade, igualdade social, foco, amor, persistência, servindo como guia constante e lembrando suas virtudes e o que esses verbos representam. É como estar afiando sua espada todos os dias.

Neste sentido, vamos explorar três novos verbos (exemplos): Nelson Mandela, Mahatma Gandhi e Abílio Diniz, que poderiam ser outros nomes inspiradores como Tancredo Neves, Madre Tereza de Calcutá, Albert Einstein, pessoas fantásticas que contribuíram, criaram e serviram o mundo de forma positiva e significativa.

Quando pensamos em figuras como Mandela, Gandhi e Abílio, nos conectamos aos melhores sentimentos e virtudes. Ao transformar seus nomes em verbos, reafirmamos esses valores e princípios e podemos nos inspirar continuamente em suas vidas e legados, aplicando seus exemplos em nossas próprias jornadas.

Os exemplos, principalmente pelas atitudes, têm um poder transformador, capaz de moldar comportamentos e inspirar multidões.

Pessoas não são verbos, mas podem inspirar, convocar e provocar reflexões, ações e mudanças capazes de impactar o mundo.

Registre aí e seja aquele que faz!

Ponto de reflexão!

1. Desconsiderando a regra gramatical, como você conjugaria um verbo, considerando que ele é o nome de uma pessoa?

Quando incorporamos os valores, princípios e ações de pessoas notáveis em nossa vida cotidiana, reforçamos a importância de suas contribuições e inspiramos outras pessoas.

Conjugando o Verbo Mandela

Conjugar o verbo de pessoas que marcaram a história com ações e ideais transformadores é mais que necessário, não só pelo entendimento de tudo que representam, mas como uma forma de construir um futuro melhor.

Assim como verbos que, ao serem conjugados, ganham diferentes formas e significados, as trajetórias dessas personalidades se desdobram em múltiplos impactos e inspirações ao longo do tempo.

Gosto muito de fazer uma analogia desses grandes líderes aos guerreiros samurais do Japão feudal, trazendo à luz a etiologia de seu significado, que é: **"aquele que serve"**.

Esses líderes serviram ao mundo com grande devoção e coragem, deixando valiosos legados de disciplina, justiça social, igualdade e resiliência. Verdadeiros samurais contemporâneos que tanto fizeram pela liberdade de seu povo e por uma sociedade melhor.

Modelar e conjugar o verbo Mandela não é tarefa fácil, eu confesso, no mínimo desafiadora. Ao examinarmos o seu legado e suas contribuições, refletimos sobre seus valores e princípios, brotando em nós o desejo de florescer com eles por uma sociedade mais justa e um mundo melhor.

Será que você é capaz de conjugar esse verbo?

Eu Mandelo

Tu Mandelas

Ele Mandela

Nós Mandelamos

Vós Mandelais

Eles Mandelam

Você que caiu de paraquedas neste tópico vai dizer: "Antônio, não existe esse verbo!". Tudo bem.

O verbo pode até não existir oficialmente, e não vou discutir aqui a questão gramatical. A intenção ao te convidar a conjugar o verbo **Mandela** é trazer à luz aquilo que ele representa, valores e princípios pelos quais ele lutou e nos deixou como legado.

Não vou me estender muito, apenas compartilhar um pouco da história desse grande líder, aquele que tanto fez e serviu ao seu povo, à sua causa e à humanidade. Que tanto ensinou ao mundo.

Ao longo de 27 anos de prisão, dos quais ele passou 18 anos na solitária, Mandela recebeu três ofertas de liberdade, caso abandonasse a resistência ao Apartheid, mas, como ele se negou a concordar com essas condições, permaneceu preso. Não abriu mão de seus princípios. Assim como os samurais cometiam o *haraquiri*, um ritual suicida caso falhassem em sua missão, Mandela estava disposto a entregar sua vida contra o Apartheid, conforme falou em seu discurso ao sair da prisão. Uma atitude digna de um grande líder Samurai.

Ao sair da prisão, Mandela faz um discurso chamando o país para a reconciliação:

"Eu lutei contra a dominação branca e lutei contra a dominação negra. Eu tenho prezado pelo ideal de uma sociedade democrática e livre, na qual todas as pessoas possam viver juntas em harmonia e com iguais oportunidades. É um ideal pelo qual eu espero viver e que eu espero alcançar. ***Mas caso seja necessário, é um ideal pelo qual eu estou pronto para morrer"***

(https://www.ebiografia.com/frases_nelson_mandela/).

Ele dizia; **"eu nunca perco, ou ganho ou aprendo"**.

Outra frase marcante de Mandela é: "As pessoas são ensinadas a odiar e, se podem aprender a odiar, também podem ser ensinadas a amar, porque o amor é algo mais natural para o coração humano, que seu oposto". https://www.ebiografia.com/frases_nelson_mandela/

Uma forte característica de Mandela era exatamente a sua lealdade ao seu povo e aos seus ideais, pelos quais defendeu, governou e lutou por toda sua vida.

"Nelson Mandela foi um ativista e político sul-africano que ficou marcado na história do mundo como um dos grandes nomes na luta contra o Apartheid. Por sua militância, foi preso, permanecendo na cadeia por 27 anos." (https://brasilescola.uol.com.br/biografia/nelson-mandela.htm).

"O sul-africano graduou-se em Direito, atuando como advogado durante parte de sua vida. Depois que foi libertado da prisão em 1990, conduziu o processo de reconstrução da África do Sul, sendo eleito presidente do país em 1994. Por seu importante papel na luta contra o Apartheid, recebeu o Prêmio Nobel da Paz em 1993." (https://brasilescola.uol.com.br/biografia/nelson-mandela.htm).

"Em 1993, Nelson Mandela e o presidente assinam uma nova Constituição sul-africana, pondo fim a mais de 300 anos de dominação política da minoria branca, preparando a África do Sul para um regime de democracia multirracial. Nesse mesmo ano, recebe o Prêmio Nobel da Paz, pela luta em busca dos direitos civis e humanos no país." (https://www.ebiografia.com/nelson_mandela/).

"Após longas negociações, Mandela conseguiu a realização das eleições em abril de 1994. Mandela foi eleito o primeiro presidente democrático da África do Sul, em um clima de violência e revanchismo." (https://www.ebiografia.com/nelson_mandela/).

"Mandela, que governou até 1999, armou a população com o sentimento da conciliação nacional até eleger o seu sucessor." (https://www.ebiografia.com/nelson_mandela/).

"Em 2006, foi premiado pela Anistia Internacional, por sua luta em favor dos direitos humanos." (https://www.ebiografia.com/nelson_mandela/). **Morreu em 5 de dezembro de 2013**.

Ensinamentos de Nelson Mandela personificados em algumas frases:

- "A educação é a arma mais poderosa que você pode usar para mudar o mundo. Comece por você."

- "Eu aprendi que a coragem não é ausência de medo, mas o triunfo sobre ele. O homem corajoso não é aquele que não sente medo, mas aquele que conquista esse medo."
- "Ninguém nasce odiando outra pessoa pela cor de sua pele, por sua origem ou ainda por sua religião. Para odiar, as pessoas precisam aprender, e, se podem aprender a odiar, elas também podem ser ensinadas a amar."
- "A maior glória em viver não está em nunca cair, mas em levantar-se toda vez que caímos."
- "Sonho com o dia em que todos levantar-se-ão e compreenderão que foram feitos para viver como irmãos."
- "Que reine a liberdade. Pois jamais haverá paz enquanto a liberdade não for alcançada."
- "Uma boa cabeça e um bom coração formam sempre uma combinação formidável."
- "A bondade do homem é uma chama que deve ser oculta, jamais extinta."
- "Não há caminho fácil para liberdade em lugar algum, e muitos de nós terão que passar novamente pelo vale da sombra da morte, antes de alcançarmos o topo da montanha de nossos desejos."
- "Não há nada como voltar a um lugar que está igual para descobrir o quanto a gente mudou."

(https://www.ebiografia.com/frases_nelson_mandela/; https://brasilescola.uol.com.br/biografia/nelson-mandela.htm).

Essas frases refletem a profunda sabedoria de Mandela e sua inabalável crença na capacidade humana de superar a adversidade e promover a justiça e a igualdade.

Registre aí e **seja aquele que faz!**

Ponto de reflexão!

1. Considerando a trajetória de Nelson Mandela e tudo que ele representa, como seus valores e princípios, principalmente como

símbolo global de resistência, perseverança e luta pela justiça e igualdade, o que mais te impressionou em seu legado e que você aplica ou pode aplicar em sua vida cotidiana?

"Eu nunca perco. Ou eu ganho, ou aprendo".
(Nelson Mandela)

Conjugando o verbo Mahatma Gandhi

Conta-se que, certa vez, Gandhi estava fazendo uma palestra e em um determinado momento um dos participantes levantou a mão e disse: "Mestre, na semana passada o senhor disse coisas completamente diferentes". Ele ouviu atentamente e respondeu: "É que, da semana passada para cá, eu aprendi coisas completamente diferentes".

Moral da história: mudar e aprender é preciso, voltar atrás muitas vezes é necessário.

Este é o espírito *Shoshin* — mente de aprendiz, aquela que eu chamo de mentalidade samurai. Sempre haverá algo novo para aprender, com os mais velhos, com os mais novos, com a vida e principalmente consigo mesmo. Nessa curta história, Gandhi mostrou porque foi um grande líder. Um verdadeiro samurai — aquele que tanto serviu.

Do ponto de vista da gramática, Gandhi pode não ser um verbo, mas pela representatividade, é um nome necessário a ser conjugado e modelado em nossa sociedade:

Eu Gandhio

Tu Gandhias

Ele Gandhia

Nós Gandhiamos

Vós Gandhiais

Eles Gandhiam

Quando me proponho a conjugar o verbo Gandhi, estou reafirmando seus valores e princípios e me colocando nas trilhas de seu legado, como a não violência, a resistência pacífica e a busca pela justiça social.

Entenda melhor quem foi Gandhi

Gandhi foi um advogado, líder espiritual e pacifista indiano.

"É considerado um símbolo da luta contra o colonialismo e pela independência da Índia, nasceu na cidade indiana de Bombaim, em 2 de outubro de 1869."

"Durante a infância e adolescência foi educado na Índia. Quando adulto foi estudar em Londres (Inglaterra), onde cursou Direito, formando-se advogado. Ao retornar para a terra natal, tornou-se membro do Supremo Tribunal de Bombaim."

"Em 1893, mudou-se para a África do Sul para trabalhar como advogado. Atuou em defesa da minoria hindu que vivia nesse país africano, lutando pelos direitos iguais. Em 1915, ele passou a organizar camponeses e trabalhadores urbanos para protestar contra o imposto sobre a terra e a exploração colonial inglesa."

"Em 1921, assumiu a posição de líder do Congresso Nacional Indiano e, em 1930, Gandhi organizou a Marcha do Sal, que foi uma manifestação contra o elevado imposto do sal cobrado pelos ingleses."

"Gandhi faleceu em 30 de janeiro de 1948, aos 78 anos, na cidade indiana de Nova Deli. A causa de sua morte foi assassinato com três tiros disparados por um nacionalista hindu." (https://psicologaluananodari.com.br/dia-da-nao-violencia-o-que-podemos-aprender-com-mahatma-gandhi/; https://www.suapesquisa.com/biografias/gandhi.htm).

Seus principais ensinamentos podem ser resumidos nos seguintes pontos:

- **Não violência (*Ahimsa*):** é o princípio fundamental de Gandhi. Ele acreditava que a verdadeira força reside na ausência de violência em pensamento, palavra e ação.

- **Firmeza na verdade (*Satyagraha*):** é a prática da resistência pacífica e civil baseada na verdade e na justiça. Gandhi usou esse método para combater a opressão e injustiça sem recorrer à violência.

- **Autossuficiência (*Swadeshi*):** Gandhi defendia a autossuficiência econômica, incentivando o uso de produtos locais e o boicote a bens estrangeiros para reduzir a dependência da Índia em relação ao Reino Unido.

- **Simplicidade e vida modesta:** ele promovia uma vida simples e autossuficiente, valorizando a humildade, a moderação e o trabalho manual, como fiar o próprio tecido (*khadi*).

- **Igualdade e justiça social:** Gandhi lutou contra o sistema de castas e a discriminação dos intocáveis (dalits), advogando por igualdade e justiça social para todos.

- **Comunidade e serviço:** ele enfatizava o serviço à comunidade e o bem-estar de todos, inspirando ações altruístas e a responsabilidade social.

- **Harmonia religiosa:** Gandhi acreditava na convivência pacífica e respeitosa entre diferentes religiões, promovendo a tolerância e o entendimento inter-religioso.

- **Educação holística:** ele defendia uma educação integral que não apenas promovesse conhecimento acadêmico, mas também moral, físico e espiritual.

- **Não cooperação com a injustiça:** Gandhi ensinava que é dever moral das pessoas não cooperar com leis e sistemas injustos, defendendo a desobediência civil como uma forma de luta contra a opressão.

- **Verdade e honestidade:** para Gandhi, viver de acordo com a verdade e ser honesto em todas as situações era essencial para uma vida ética e justa.

Esses ensinamentos formaram a base de sua filosofia e ações, influenciando não apenas a luta pela independência da Índia, mas também movimentos de direitos civis e de liberdade em todo o mundo. Por isso, passou a ser chamado de Mahatma (em sânscrito "grande alma") Gandhi.

Algumas frases que marcaram o legado de Gandhi:

- "De nada vale a liberdade, se não temos a liberdade de errar."
- "O mais perfeito ato do ser humano é a paz."
- "Minha maior arma é a oração silenciosa."
- "Seja a mudança que você quer ver no mundo."
- "É um grande privilégio ter vivido uma vida difícil."
- "A verdade nunca prejudica uma causa que é justa."
- "A ação expressa prioridades."
- "Viva como se fosse morrer amanhã. Aprenda como se fosse viver para sempre."
- "Não existe um caminho para a paz. A paz é o caminho." (https://psicologaluananodari.com.br/dia-da-nao-violencia-o-que-podemos-aprender-com-mahatma-gandhi/; https://www.pensador.com/frases_mais_memoraveis_de_gandhi/).

Registre aí e **seja aquele que faz!**

Ponto de reflexão!

1. Como você acredita que os princípios de não violência e desobediência civil, promovidos por Gandhi, podem ser aplicados aos movimentos sociais e lutas por justiça no mundo contemporâneo?

2. Qual das muitas campanhas e ações de Gandhi você considera a mais impactante, e de que maneira essa campanha influencia sua visão sobre liderança e ativismo?

_____
_____
_____
_____
_____

"Seja a mudança que você quer ver no mundo".
(Gandhi)

Conjugando o verbo Abílio Diniz

Acompanho a trajetória do Abílio Diniz há pelo menos 30 anos, sou leitor de seus três livros, inclusive os recomendo muito. Nesse período que acompanhei sua trajetória, busquei absorver como uma esponja seus ensinamentos, quer seja como empresário, esportista, homem de negócios, homem de fé, e de tudo que ele representou. Só gratidão por cada pérola de conhecimento compartilhado.

Trazer à luz o verbo Abílio Diniz é muito gratificante e ao mesmo tempo uma enorme responsabilidade e satisfação, pois remete a uma trajetória inspiradora de um extraordinário líder, filantropo e visionário empreendedor. Um verdadeiro samurai!

Novamente trago o significado da palavra "samurai" para que o leitor possa entender o que estou falando. Samurai significa aquele que serve, e o Abílio Diniz, assim como Mandela e Gandhi, serviram a vida toda em vários aspectos e contextos.

Servir talvez seja a maior interseção e um dos principais pontos em comum do empreendedorismo com os samurais, por isso essa analogia. Penso que um dos principais objetivos do empreendedor de qualquer setor é exatamente servir à sociedade, e isso ele fez com maestria e uma competência inquestionável.

Ao conjugar o verbo Abílio, novamente peço licença à gramática, pois o objetivo é lembrar tudo aquilo que ele representa; liderança, governança, esporte, contribuição, filantropia, cultura, educação, empreendedorismo, espiritualidade, fé, disciplina, autoconhecimento e tantas outras coisas.

O substantivo "samurai" é perfeito para Abílio Diniz, não apenas por ter sido um servidor, mas principalmente porque é aquele que tanto FEZ.

Nesse sentido, proponho que o verbo Abílio se faça presente em sua jornada, que inspire e seja exemplo de sucesso.

Quando pensei em transformar Abílio em verbo, me veio à mente uma frase da jornada do samurai que define muito sua trajetória: "Um samurai, quando diz que vai fazer alguma coisa, considera feito".

Abílio foi esse cara.

Ele não tentou, ele fez!

Vem comigo:

Eu Abílio

Tu Abílias

Ele Abília

Nós Abíliamos

Vós Abíliais

Eles Abíliam

Abílio Diniz passou por quase todos os tipos de experiência e desafios provocativos. Como empresário, construiu a maior rede varejista brasileira, enfrentou crises pessoais e profissionais, foi sequestrado e, no momento certo, deu a volta por cima. Transformou-se em um homem com uma profunda capacidade de se reinventar.

Após deixar o Grupo Pão de Açúcar (GPA), em 2013, Abílio tornou-se o terceiro maior acionista global do Carrefour e membro do seu conselho de administração. Foi também acionista e presidente do conselho de uma das maiores empresas de alimento do mundo, a BRF — fusão da Sadia com a Perdigão.

Mostrou ao longo de sua trajetória de sucesso que tinha um DNA de samurai. Superou todas as dificuldades e se destacou em tudo que fez, desenvolveu muitas habilidades e atuou em vários segmentos, inclusive no governo, e sempre com grande maestria e espírito de servidão. Se tornou sinônimo de competência, disciplina, foco, resiliência entre outros.

A resiliência do guerreiro — o sequestro

Impulsivo, decidido, arrojado, polêmico, são muitos os adjetivos que podiam descrever Abílio Diniz.

Mas talvez nenhum deles seja tão apropriado como resiliente. Ao longo de sua vida, ele enfrentou muitas batalhas, inclusive um sequestro, que felizmente acabou bem.

"No dia 11 de dezembro de 1989, o empresário foi sequestrado no Jardim Europa, zona oeste de São Paulo. Durante seis dias, ficou em poder de dez sequestradores que pertenciam ao MIR (movimento de esquerda revolucionaria), do Chile, e pediam US$ 30 milhões para libertá-lo. Os sequestradores se renderam após o cativeiro, em São Paulo, ser cercado pela polícia." (https://economia.uol.com.br/noticias/redacao/2024/02/20/abilio-diniz-coisas-que-voce-nao-sabia.htm).

Esse episódio talvez tenha sido a grande virada de chave que mudou muita coisa na sua vida, fazendo-o rever padrões e conceitos, inclusive sua forma de se relacionar com as pessoas.

O esportista e incentivador da vida saudável

"Abílio praticou vários esportes: corrida, automobilismo, motonáutica, boxe, judô, karatê e capoeira, tinha paixão pelos esportes em geral. Foi um grande incentivador e patrocinador da prática esportiva".

"A busca por uma vida mais saudável foi uma das características de Abílio, desde a época de adolescente quando resolveu deixar de ser aquele baixinho e gordinho que sofria bullying e aprendeu a abrir caminhos. Transferiu essa determinação para o mundo corporativo. Ele foi um dos primeiros empresários a promover uma vida mais equilibrada e livre de estresse. Segundo ele, a preocupação começou após uma consulta com um cardiologista que alertou sobre os riscos da tensão no dia a dia. Neste momento ele fez 80 anos aos 29."

"Durante anos, o Pão de Açúcar patrocinou atletas e eventos esportivos, mas deu um passo maior ao inaugurar o Núcleo de Alto Rendimento (NAR GPA), em São Paulo, um centro que incorpora tecnologia, análises e estudos com base em resultados para ajudar atletas a atingirem seu potencial."

"O projeto foi liderado por Abílio e pelo filho João Paulo Diniz, que como ele também se dedicava a esportes e a busca por uma vida saudável. João Paulo mantinha uma empresa de investimentos nos setores de academias, restaurantes, tecnologia, imobiliário e de mobilidade. Ele morreu em julho de 2022." (https://economia.uol.com.br/noticias/redacao/2024/02/20/abilio-diniz-coisas-que-voce-nao-sabia.htm https://g4educacao.com/biografias/abilio-diniz).

Filantropia

"Após criar a Península Participações, a família Diniz decidiu criar o Instituto Península, organização social que tem como foco de atuação a melhoria na qualidade da educação no Brasil."

"Tendo os professores como principais agentes dessa potencial transformação, o Instituto Península promove formações e projetos que buscam dar aos docentes mais conhecimento para se tornarem melhores professores."

"Entre os livros lançados pelo Península estão "O Papel da Prática na Formação Inicial de Professores", "Desafios da Profissão Docente", "Preparando os Professores para um Mundo em Transformação" e mais recentemente, "Professores em foco: 80 reflexões sobre a importância da profissão para o desenvolvimento do Brasil", com textos escritos pelo ministro do STF Luís Roberto Barroso, o apresentador Luciano Huck e a presidente do Instituto Ayrton Senna, Viviane Senna, entre outros." (https://g4educacao.com/biografias/abilio-diniz).

Livros

Abílio Diniz foi autor de três livros. O primeiro livro, *Caminhos e escolhas* (2004), mostra por que ele acreditava ter encontrado um equilíbrio que o permitia ter uma boa qualidade de vida.

O segundo foi *ABÍLIO - determinado, ambicioso e polêmico com Cristiane Correa* (2015). O terceiro foi *Novos caminhos, novas escolhas* (2016).

Abílio Diniz nasceu em 28 de dezembro de 1936 e faleceu em 18 de fevereiro de 2024, deixando um enorme legado.

Frases marcantes de Abílio Diniz

- "Uns sonham o sucesso, nós acordamos cedo e trabalhamos duro para consegui-lo."
- "Quando você administra uma empresa é preciso focar na sua própria aprendizagem."
- "Quanto mais você puder fazer o simples, melhor. Não faça reuniões. As empresas fazem reunião quando não sabem o que fazer ou quando querem dividir uma responsabilidade."
- "Ser criativo é inovar e se reinventar para criar o futuro."
- "Não existe fórmula secreta. Somente a organização e a disciplina permitem que uma pessoa desempenhe todos os seus papéis e dê conta de todas as suas atividades de forma equilibrada e harmoniosa."
- "É importante separar o sonho da ilusão."
- "Ser objetivo é saber onde está e aonde se quer chegar focando em resultados.
- À medida que você for se conhecendo mais, melhor será o seu relacionamento com as outras pessoas."
- "Tire aprendizados tanto nas suas vitórias, quanto nas suas derrotas."
- "As pessoas podem copiar tudo o que a gente faz, mas não o que a gente é."

(https://g4educacao.com/biografias/abilio-diniz).

Abílio Diniz, ao longo de sua vitoriosa carreira, deixou diversos legados marcantes que impactaram profundamente o cenário empresarial brasileiro e internacional. Seu legado vai além do sucesso financeiro, abrangendo inovações em gestão, empreendedorismo, responsabilidade social e qualidade de vida.

Vejamos a seguir alguns dos principais legados deixados por Abílio Diniz, a saber:

- **Transformação do varejo brasileiro:** Abílio foi fundamental na modernização e expansão do setor varejista no Brasil. Com a fundação e crescimento do GPA, ele introduziu práticas inovadoras de gestão e operação de supermercados, estabelecendo novos padrões de atendimento ao cliente e eficiência operacional. Sob sua liderança, o GPA se tornou a maior rede de supermercados da América Latina, influenciando o setor varejista do país.

- **Estratégias de aquisição e expansão:** Abílio Diniz foi o pioneiro na utilização de aquisições estratégias para expandir os negócios do GPA. A compra de empresas como o grupo Sendas e o Assaí Atacadista ampliou significativamente a presença do Pão de Açúcar no mercado. Sua habilidade em identificar e integrar novas empresas fortaleceu a competitividade e a diversificação do grupo, criando um conglomerado robusto e diversificado.

- **Parcerias internacionais:** A parceria com o grupo francês Casino em 1999 foi um marco na história do GPA. Essa aliança trouxe novos investimentos, expertise internacional e fortaleceu a posição competitiva da empresa no mercado global. A colaboração internacional é um legado que demonstra a importância da integração e cooperação global para o crescimento empresarial.

- **Liderança na BRF:** Após sua saída do GPA, Abílio assumiu a presidência do Conselho de Administração da BRF, na qual implementou reformas significativas. Sob sua liderança, a BRF melhorou sua eficiência operacional e expandiu sua presença global, consolidando-se como uma das maiores empresas de alimentos do mundo. Seu trabalho na BRF destaca sua capacidade de liderar e transformar empresas em diferentes setores.

- **Promoção da qualidade de vida e bem-estar:** Abílio é conhecido por seu compromisso com a saúde e o bem-estar. Ele sempre defendeu a importância do equilíbrio entre a vida profissional e pessoal, e seu estilo de vida saudável influenciou muitos líderes empresariais. Ele escreveu livros e deu palestras sobre a importância do fitness, da gestão do tempo e do bem-estar, promovendo uma cultura de saúde e qualidade de vida no ambiente corporativo.

- **Inovação em gestão:** Diniz introduziu práticas de gestão modernas e eficientes no GPA e BRF, destacando a importância da inovação e da adaptabilidade. Sua abordagem de gestão focada em resultados, pessoas e inovação deixou um legado duradouro nas empresas que liderou, servindo como modelo para futuros gestores e empreendedores.

- **Responsabilidade social:** Ao longo de sua carreira, Abílio Diniz também demonstrou um forte compromisso com a responsabilidade social. Ele apoiou diversas iniciativas e projetos voltados para educação, saúde e desenvolvimento social. Seu envolvimento em causas sociais reflete seu entendimento de que o sucesso empresarial deve ser acompanhado de um impacto positivo na sociedade.

- **Mentoria e influência:** Abílio Diniz foi mentor de diversos empresários e líderes ao longo de sua carreira, compartilhando suas experiências e conhecimentos. Sua influência no desenvolvimento de novos talentos é um legado que continuará a beneficiar o mundo dos negócios por longos anos.

Abílio Diniz, grande empresário e um grande homem para a sociedade, deixou um legado multifacetado que abrange inovações em muitas áreas, como varejo, expansão empresarial, liderança global, promoção de bem-estar e qualidade de vida, práticas de gestão moderna, responsabilidade social, fé e mentoria. Seu impacto no mundo dos negócios é profundo e duradouro, inspirando novas gerações de empreendedores e líderes a buscar a excelência, a inovação e a responsabilidade em suas carreiras.

Registre aí e **seja aquele que faz!**

Ponto de reflexão!

1. Como os princípios, a disciplina e o foco, defendidos por Abílio Diniz, podem impactar sua abordagem na gestão do tempo e da produtividade em sua carreira profissional?

2. De que maneira as práticas de bem-estar e qualidade de vida promovidas por Abílio influenciaram ou podem influenciar suas escolhas pessoais em relação à saúde e ao equilíbrio entre uma vida pessoal e profissional?

3. Quais lições específicas de liderança e inovação de Abílio Diniz você aplicou ou pode aplicar em sua própria trajetória empresa-

rial, pessoal ou profissional, e quais resultados observou ou pode conseguir ao implementar essas práticas?

_____
_____
_____
_____
_____
_____
_____
_____
_____
_____
_____
_____
_____
_____
_____
_____
_____
_____
_____
_____
_____
_____
_____
_____
_____
_____
_____

"Tire aprendizados tanto nas suas vitórias, quanto nas suas derrotas".
(Abílio Diniz)

Qual é o seu motivo para a ação

— Onde fica a saída? — perguntou Alice ao gato que ria.
— Depende — respondeu o gato.
— De quê? — replicou Alice.
— Depende de onde você quer ir — concluiu o gato.

Para quem não sabe para onde vai, qualquer caminho serve.

Essa é uma famosa frase de *Alice no País das Maravilhas*, escrita por Lewis Carroll. Na cena, Alice, perdida, não sabe para onde está indo e muito menos seus motivos para a ação.

Alice no País das Maravilhas é a história de uma jovem que cai em um buraco de coelho e entra em um mundo mágico e surreal. Ao seguir o Coelho branco, Alice encontra uma série de personagens excêntricos e situações bizarras. Ela cresce e encolhe repetidamente ao consumir diferentes alimentos e bebidas, experimenta uma variedade de encontros estranhos com personagens como a lagarta azul, o gato de Cheshire, a Rainha de Copas.

A história culmina em um julgamento caótico, em que Alice desafia a autoridade da rainha. Ao final, Alice acorda e percebe que todas as suas aventuras no País das Maravilhas foram um sonho. A história explora temas de identidade, crescimento e a natureza absurda da realidade por meio de uma narrativa cheia de jogos de palavras e humor. Apesar de fantasiosa, ela oferece vários ensinamentos, como questionamento, aceitação, exploração e curiosidade, mudanças, autoconhecimento, humor, disciplina e autoridade.

Se existe uma regra básica na vida para alcançar nossos objetivos, é se ter a exata noção de onde estamos, onde queremos chegar e quais são os motivos para determinada ação.

Temos que saber questionar e diferenciar o que é sonho de realidade e entender que os sonhos podem ser realizados, desde que caibam dentro de uma lógica, com esforço, disciplina e ação.

Por que eu faço o que faço? Quais são os meus motivos para a ação? Qual é o impacto daquilo que faço na vida das pessoas e no meu propósito? São estas perguntas necessárias e obrigatórias que todos nós devemos fazer. Por isso a importância do autoconhecimento.

Todos nós temos um motivo para a ação, intrínseco ou não. Minha motivação é parte da estratégia e matéria-prima para me conduzir a onde quero chegar. Sobrevivência, propósito, autorresponsabilidade, compromisso, família, saúde, são alguns motivos para sair da inércia.

Qual é a sua motivação? Vigie sabotadores como a preguiça, a zona de conforto e a procrastinação, que jogam contra o patrimônio.

O fato é que nem todo dia você está disposto a correr atrás e motivado a fazer o que precisa ser feito. Mas quando temos clareza dos motivos pelos quais fazemos determinada tarefa, e entendemos seu significado, a coisa fica mais suave, ficamos mais confiantes e não nos deixamos boicotar facilmente.

Quando sabemos onde queremos chegar, o horizonte se abre para muitas possibilidades. Existe mais de um caminho para se chegar ao topo da montanha.

Motivação é a força propulsora que vai fazer você sair da inércia e partir para a ação, é o impulso inicial em direção a um determinado objetivo.

Você não pode perder a motivação. Se não encontrar um motivo fatalmente vai se sabotar. Isso acontece quando o benefício não está claro, ou seja, a recompensa ainda está oculta.

Quando você está pra baixo, desmotivado, o que costuma fazer?

A maioria das pessoas costuma assistir a vídeos motivacionais e buscar perfis inspiradores nas redes sociais, assistir a documentários de superação ou a séries na Netflix, ou ler histórias como *Alice no País das Maravilhas*.

O que você busca?

- Você deseja prosperidade financeira?
- Deseja qualidade de vida e longevidade?
- Quer ter liberdade de tempo?
- Quer ter um corpo malhado?
- Deseja sucesso profissional?
- Quer ter qualidade de vida e saúde?

O que te motiva para agir em direção ao seu objetivo?

Ter clareza de seus motivos provavelmente te levará a tomar atitudes, que irão fomentar seus resultados e encurtar os passos em direção a suas metas. Clareza de objetivos é um combustível adicional imprescindível em qualquer jornada.

Se o motivo pelo qual você pratica atividade física é **saúde**, esta é sua gasolina azul, faça o que precisa ser feito, você não pode falhar nessa missão, seu maior patrimônio é a saúde. Por isso você deve cuidar do seu corpo.

Mantenha acesa a chama da motivação de forma consciente, ela é a faísca que vai acender a sua fogueira chamada "disciplina".

Henry Ford dizia o seguinte: **"Corte sua própria lenha. Assim, ela aquecerá você duas vezes"**. Significa que o esforço de buscar e cortar a própria lenha vai te aquecer em um primeiro momento pelo exercício físico da ação do corte e depois te aquecer novamente ao ser colocada na fogueira.

Tudo aquilo que fazemos com intencionalidade e propósito tem o poder de transformar e aquecer nossa vida.

Muitas pessoas desistem no meio do caminho ou até mesmo no início da jornada porque não têm um motivo claro para a ação, ou seja, elas fazem porque as outras pessoas também estão fazendo, não sabem ao certo o que querem, apenas seguem o efeito manada porque falta uma motivação intrínseca e principalmente disciplina.

Você deve entender que a motivação nos faz começar, contudo, do mesmo jeito que ela vem, ela vai embora, sem trazer resultados sustentáveis.

Ela é importante sim, mas só a motivação, por si só, não se sustenta, nem te leva muito longe, já que pode diminuir com o passar do tempo e, principalmente, com as primeiras dificuldades encontradas no percurso. Ela precisa ser renovada diariamente, o motivo para a ação deve ser claro. Não conte apenas com a motivação para conquistar seus objetivos. Você precisa romper essa barreira, você precisa que ela atue em conjunto com a disciplina.

Somos estimulados o tempo todo, principalmente no mundo digital, com mensagens motivacionais que têm como objetivo nos inspirar a fazer o que precisa ser feito, como abrir um negócio, praticar uma atividade física, fazer um curso, ou simplesmente consumir um produto ou serviço. Esse bombardeio constante e esse excesso de consumo até nos mantêm motivados por algum tempo.

O ponto é que essa motivação externa dura pouco tempo e não é sustentável.

Quando você assiste a um vídeo motivacional, quase sempre se inspira e começa a fazer determinadas coisas. Você recebe uma dose de dopamina, que é o hormônio da motivação e do prazer. Ocorre que logo o efeito dessa dose passa e você vai precisar de outra dose, que só terá fim quando você entender a importância da parceria motivação e disciplina.

A pergunta é: quantas vezes você já conquistou um resultado sustentável de médio e longo prazo apenas com a motivação externa? Provavelmente nenhuma, porque esse tipo de resultado requer parceria, e a disciplina é imprescindível. A motivação sozinha traz resultados rasos e é de curta duração.

A neurociência explica como isso acontece. Há um pico de dopamina, que é um neurotransmissor responsável pela motivação e que leva informações do cérebro a várias partes do corpo. Essa substância também é conhecida como um dos hormônios da felicidade e, quando liberada, provoca a sensação de prazer e satisfação, aumentando os níveis de motivação.

A dopamina também atua nos processos cognitivos, aumentando os níveis de memória e atenção, auxiliando em várias outras funções.

Essa euforia provocada pela dopamina não se sustenta por muito tempo, ela não se retroalimenta e precisa logo ser renovada para manter a nossa motivação.

As injeções de motivação não são o bastante para manter um novo hábito, ou fazer você bater suas metas. Você precisa principalmente de disciplina nesse jogo.

Se você é um líder e quer motivar sua equipe, entenda que não são as palestras motivacionais que vão trazer resultados para sua equipe. Isso é apenas uma parte do processo que pode ajudar.

Você precisa de uma equipe engajada, constância naquilo que se propõe e uma cultura organizacional pautada em bem-estar, humanização, processos e disciplina.

Se você deseja conquistar resultados, precisa ultrapassar a barreira da motivação, precisa de esforço e disciplina. A motivação não é um atalho para conquistar seus objetivos, ela é o insight inicial. Existem várias maneiras inteligentes de fazer o que precisa ser feito, mas o esforço, a constância e a repetição ainda são as principais.

Você pode estar motivado no nível máximo em um determinado momento e não conquistar nenhum resultado. Simplesmente porque ela não se retroalimenta sozinha.

Estar motivado não significa chegar aonde quer chegar. Você pode estar motivado e querer conquistar o melhor resultado frequentando uma academia, mas só isso não resolve se não existir uma ação concreta nessa direção. Você precisa de foco, disciplina e ação.

A disciplina é considerada por muitas pessoas uma vilã ou bicho-papão, parecendo ser algo cansativo, muito sofrido. Qualquer pessoa que já passou por essa fase de querer fazer alguma coisa e não conseguiu provavelmente terá um pé atrás.

Ao contrário do que se pensa, a disciplina traz liberdade, autocontrole e autoconfiança. Ela é protagonista de um dos códigos de conduta mais antigos e respeitados no mundo, que é o *Bushido*, código de ética dos samurais, os guerreiros mais eficientes e disciplinados que se tem registro.

Ocorre que muitas vezes nos deixamos levar pelo efeito manada e pela empolgação, fazendo coisas que não são exatamente aquilo que queremos. Esse é um dos efeitos negativos das redes sociais por exemplo.

O fato de você acordar às cinco da matina pra tomar banho gelado não te faz uma pessoa disciplinada, a não ser que essa ação se torne um hábito e esse hábito gere resultados.

Disciplina tem a ver com melhoria contínua e gerar resultados em algum nível. Qualquer coisa menos que isso é uma motivação rasa por influência de terceiros.

O nosso cérebro só libera dopamina, ou seja, motivação quando ele espera uma recompensa. Se você não consegue ficar motivado é porque não tem clareza quanto à recompensa que vai receber, o seu motivo para a ação.

Vários aspectos podem influenciar negativamente a nossa motivação. Se você está deixando a desejar com sua alimentação, por exemplo, e dormindo mal, o seu cérebro não vai ter energia para se manter motivado, vai ficar preguiçoso e querer descansar. A falta de motivação impacta negativamente a sua disciplina.

A tríade "sono regenerador, alimentação saudável e atividade física regular" é determinante para manter uma motivação intrínseca e fortalecer a autodisciplina.

Tudo que você se propor a fazer precede uma determinada motivação, que por sua vez será modulado por químicos, como a dopamina.

Para transpor a barreira da motivação e ter melhores resultados, você precisa de uma disciplina básica de horários para dormir e acordar, alimentação, treinamento, trabalho, entre outros, e essencialmente **abrir mão de hábitos ruins que trazem prazeres imediatos.**

Você precisa descascar mais e desempacotar menos.

É muito importante entender a relação: **hábitos-recompensas--contas a pagar.** Vejamos:

Hábitos ruins trazem prazeres imediatos, e a conta chega depois. Hábitos bons o pagamento é imediato e trazem as recompensas depois.

Hábitos ruins geralmente proporcionam prazer ou alívio imediato. Por exemplo: comer fast food pode ser saboroso e satisfatório no momento, mas pode levar a problemas de saúde a longo prazo. Procrastinar pode dar uma sensação de alívio e evitar o estresse temporariamente, mas resulta em pressão e baixa produtividade depois. Gastar dinheiro compulsivamente também pode trazer alegria momentânea, mas pode causar problemas financeiros no futuro.

Esses hábitos são atraentes porque as recompensas são sentidas imediatamente, mas a conta ou as consequências negativas chegam mais tarde e geralmente são contas altas.

Já os hábitos bons, por sua vez, exigem esforço e disciplina no presente, mas trazem benefícios significativos no médio e longo prazo. Por exemplo: praticar atividade física regularmente por ser cansativo e desafiador, mas resulta em melhor saúde física e mental no longo prazo. Estudar consistentemente pode ser trabalhoso, mas leva a melhores oportunidades educacionais e profissionais no futuro. Economizar dinheiro também pode exigir sacrifícios agora, mas proporciona segurança financeira e a possibilidade de investimentos depois.

Esses hábitos requerem pagamento imediato em termos de esforço, disciplina e autocontrole, mas as recompensas que eles proporcionam são duradouras e muitas vezes mais significativas.

Devemos identificar aqueles hábitos que podem nos custar caro e buscar estratégias para mudá-los, porque uma hora a conta chega.

Se você não está motivado para ir à academia e praticar um exercício físico, lute contra isso, se movimente nessa direção. Em último caso se movimente na rua do seu bairro fazendo uma caminhada, já vai fazer com que seu corpo libere alguns hormônios e module o seu ambiente fisiológico, com isso vai fortalecer sua musculatura física e mental.

O treino nunca é só físico, as emoções estão presentes o tempo todo. Só em se movimentar você já estará trabalhando suas emoções e sendo mais disciplinado.

A famosa frase "disciplina é liberdade" pode parecer contraditória inicialmente se pensar que vai ficar preso a regras, mas faz todo o sentido quando você entende que ser disciplinado é conseguir gerenciar melhor seu tempo de modo que tenha liberdade para fazer aquilo que se propôs a fazer. Ela traz autoconfiança e envia uma mensagem positiva para o seu cérebro.

Quando a motivação está ocupada com outras coisas, ou simplesmente resolve não aparecer, é a disciplina que vai assumir esse posto. Essa sim é insubstituível, é o que nos mantém em movimento, em direção aos nossos objetivos.

O motivo pelo qual as pessoas não têm resultados não é a falta de motivação, é a indisciplina, a procrastinação e outras falhas que vamos cometendo no caminho.

A motivação é uma grande aliada da disciplina, caminham juntas. Mas é a disciplina que faz toda diferença.

Só existe uma forma de sustentar a motivação: sendo disciplinado.

Na história de *Alice no País das Maravilhas*, com a qual iniciei este título, podemos perceber e extrair vários aprendizados e ensinamentos que nos instigam e demandam disciplina, curiosidade, autoconhecimento, resiliência e motivação. Vejamos:

- **Importância da curiosidade e da imaginação:** Alice é guiada por sua curiosidade e vontade de explorar o desconhecido. Sua jornada no País das Maravilhas nos lembra a importância de manter vivas a curiosidade e a imaginação, mesmo na vida adulta. Questionar, explorar novas ideias e buscar conhecimento são atitudes que enriquecem nossa compreensão e visão de mundo e nos mantêm mentalmente ativos. É uma maneira de nos tornarmos motivados e disciplinados.

- **Aceitação do inesperado e alguns absurdos:** o mundo de Alice é cheio de absurdos e situações ilógicas. Aceitar que a vida nem sempre faz sentido e que nem tudo pode ser explicado ou controlado nos ajuda a lidar melhor com as incertezas e imprevistos. Essa aceitação pode nos permitir desfrutar das surpresas da vida e adaptar-nos a mudanças inesperadas.

- **Crescimento e autoaceitação:** Alice experimenta mudanças ao longo da história, simbolizando o crescimento pessoal e as mudanças que enfrentamos ao longo da vida. Aprender a lidar com essas mudanças e aceitar-se em todas as suas formas e fases é crucial para o desenvolvimento pessoal, o que requer disciplina. A história nos ensina a aceitar nossas imperfeições e a sermos flexíveis diante das transformações.

- **O valor da identidade:** a busca de Alice por sua identidade é a jornada central na história. Ela constantemente se pergunta quem ela é, especialmente quando enfrenta mudanças físicas e emocionais. Isso reflete a importância de conhecermos e afirmarmos nossa própria identidade, mesmo quando confrontados com pressões externas e expectativas sociais. Este é um caminho de autoconhecimento.

- **Pensamento crítico e questionamento:** Alice questiona constantemente as regras no País das Maravilhas. Sua atitude crítica é uma lição sobre a importância de questionar normas e convenções estabelecidas, encorajando-nos a pensar por nós mesmos e não aceitar cegamente o status quo.

- **Resiliência e determinação:** apesar das situações confusas e às vezes ameaçadoras, Alice mantém a calma e a determinação. Sua capacidade de manter a compostura e encontrar soluções para os problemas é um exemplo de resiliência. Aprender a enfrentar desafios com coragem e persistência é uma habilidade valiosa em qualquer aspecto da vida.

- **A importância de manter a perspectiva infantil:** a perspectiva inocente e aberta de Alice nos lembra da importância de preservar nossa criança interior, que nos permite ver o mundo sem julgamentos e admirados. Essa abordagem pode nos ajudar a encontrar alegria e significado nas pequenas coisas e a manter um senso de maravilha diante da vida.

Em suma, *Alice no País das Maravilhas* oferece várias lições e a importância de manter a perspectiva vencedora. Esses aprendizados nos ajudam a navegar pela complexidade da vida com uma mente aberta, um espírito resiliente e a desenvolvemos foco, disciplina.

Registre aí e **seja aquele que faz!**

Ponto de reflexão!

1. Como você costuma se manter motivado e disciplinado para cumprir com todas as suas obrigações, mesmo diante de tantos estímulos, presenciais e digitais?

2. Como você pode aplicar a curiosidade e a determinação de *Alice no País das Maravilhas* para atingir seus objetivos profissionais e pessoais, mantendo-se motivado e disciplinado diante dos desafios e das incertezas que surgem pelo caminho.

3. Como você pode reestruturar sua rotina diária para substituir hábitos que proporcionam recompensas imediatas, mas a prejudicam

a longo prazo por hábitos que exigem esforço no presente, mas trazem benefícios duradouros no futuro?

*Hábitos ruins trazem prazeres imediatos,
e a conta chega depois.
Hábitos bons o pagamento é imediato
e trazem as recompensas depois.*

O insight é rápido, a mudança leva tempo

Era uma manhã de inverno, quando Yuki estava sentada no café aconchegante em sua linda cidade litorânea, teve um daqueles momentos de clareza que parecem surgir do nada. Enquanto o vapor da xícara de café subia lentamente, misturando-se ao ar frio, uma simples frase em um livro abriu sua mente para uma nova perspectiva sobre sua vida.

Esse momento de insight foi tão instantâneo quanto um relâmpago, iluminando os cantos escuros de suas dúvidas e incertezas. No entanto, Yuki logo descobriu que, apesar do brilho súbito dessa compreensão, transformar sua vida de acordo com esse novo entendimento seria um processo muito mais longo e desafiador.

A clareza que ela sentiu naquele instante foi como uma faísca inicial, acendendo a chama de um desejo profundo por mudanças. Mas Yuki sabia, em algum nível intuitivo, que mudanças reais não acontecem da noite para o dia. Elas exigem paciência, disciplina, esforço contínuo e uma disposição para enfrentar velhos hábitos e crenças. Como um jardineiro que planta uma semente, ela precisava nutrir essa nova percepção com tempo, cuidado e perseverança.

Por meio da história de Yuki e da jornada de outras pessoas que também enfrentaram desafios semelhantes, podemos descobrir que o verdadeiro crescimento pessoal é uma maratona, não um sprint.

Devemos aprender a valorizar cada pequeno passo no caminho, reconhecendo que, **embora o insight possa ser imediato, a verdadeira transformação é um trabalho de esforço e amor que se desenrola com o tempo.**

Respire fundo e coloque foco no processo. Não é a velocidade, é sobre a direção. O *KAIZEN* vai te ajudar e orientar sua jornada. Falei desse conceito antes, lembra? Hoje melhor que ontem, amanhã melhor que hoje.

Tem uma frase do Miyamoto Musashi que traduz muito bem o *Kaizen* e o processo de mudança:

"Hoje é o dia de sua vitória perante o que você era ontem; amanhã é o dia da vitória sobre os homens inferiores".

Sempre que penso e falo sobre mudanças, me vem à mente o belíssimo poema de Edson Marques **"Mude"**. Sempre que posso, compartilho. Vale a refletir sobre ele:

Mude...

Mas comece devagar, porque a direção é mais importante que a velocidade.
Mude de caminho, ande por outras ruas, observando os lugares por onde você passa.
Veja o mundo de outras perspectivas.
Descubra novos horizontes.
Não faça do hábito um estilo de vida.
Ame a novidade.
Tente o novo todo dia. (substitui a palavra "tente" por "faça")

O novo lado, o novo método, o novo sabor, o novo jeito, o novo prazer, o novo amor.
Busque novos amigos, novos amores.
Faça novas relações.
Experimente a gostosura da surpresa.
Troque esse monte de medo por um pouco de vida.
Ame muito, cada vez mais, e de modos diferentes.
Troque de bolsa, de carteira, de malas, de atitude.

Mude...
Dê uma chance ao inesperado.
Abrace a gostosura da surpresa.
Sonhe o sonho certo e realize-o todo dia.

Lembre-se de que a vida é uma só, e decida-se por arrumar outro emprego, uma nova ocupação, um trabalho mais prazeroso, mais digno, mais humano.
Abra seu coração de dentro para fora.

Se você não encontrar razões para ser livre, invente-as.
Exagere na criatividade.
E aproveite para fazer uma viagem longa, se possível sem destino. Experimente coisas diferentes, troque novamente.
Mude de novo.
Experimente outra vez.
Você conhecerá coisas melhores e coisas piores, mas não é isso o que importa.
O mais importante é a mudança, o movimento, a energia, o entusiasmo.

Só não muda, o que está morto!

A melhor forma de eliminar um hábito ruim é substituindo-o por outro hábito melhor, é aí que a mudança começa a acontecer de fato. Mas temos que ter muito cuidado para não piorar a situação e o tiro sair pela culatra. Quem já ouviu aquela frase que diz o seguinte: "Nada é tão bom que não possa ser melhorado, e tão ruim que não possa ser piorado", pois é disso que estou falando, hábitos ruins devem ser combatidos com responsabilidade e cuidado, aos poucos, com planejamento. Não querer fazer da noite para o dia, a mudança requer paciência. Às vezes bate o desespero e nos deixamos levar pelas emoções e podemos nos perder, por isso devemos ficar atentos. Esse é o momento de trabalhar com o lado esquerdo do cérebro, racionalizando as coisas.

O nosso objetivo aqui é trabalhar a melhoria contínua. A mudança leva tempo, e quando falamos em tempo, ele não senta à mesa pra negociar com ninguém, ele simplesmente passa.

Mudar um comportamento não é nada simples, pois o ritmo da mudança varia muito de pessoa para pessoa. Mas existe um padrão que devemos observar que requer foco e disciplina.

O conhecimento por si só não é suficiente para provocar a mudança e muitas vezes vamos dar um passo à frente e outro atrás, porque as recaídas são comuns e fazem parte do processo.

A mudança requer resiliência.

A neurociência explica por que é tão difícil mudar um hábito.

O processo da mudança de consumir menos açúcar, ser menos consumista, se exercitar mais, usar menos o celular, beber menos álcool, entre outros não é nada fácil.

Quantas vezes você já fez uma promessa, dizendo que agora é pra valer, vai fazer o que precisa ser feito?

Quem nunca começou um novo hábito ou iniciou o processo de mudança de um hábito ruim e desistiu pelo caminho? Nesse cenário o cérebro indisciplinado pode ser seu principal sabotador, ele é um componente de peso, e se jogar contra você, ferrou! Devemos ficar vigilantes com a forma que estamos alimentando nosso cérebro.

O que o cérebro quer na verdade é que você fique na zona de conforto, cultivando padrões e comportamentos antigos que demandam um mínimo de energia. Ele foge o tempo todo das dificuldades e novos padrões que o façam consumir energia.

Há milênios o nosso cérebro é programado para trabalhar economizando energia, realizando de forma automática grande parte das tarefas. Esses são os chamados "hábitos", um conjunto de ações que são aprendidas e repetidas muitas vezes, até que passam a ser executadas com um mínimo de esforço mental e de forma inconsciente. São formados para facilitar a rotina e deixar o nosso cérebro mais eficiente. Afinal, como conseguiríamos fazer tantas coisas em um dia se fosse preciso racionalizar em cada uma delas?

Pense nas coisas mais simples que faz todos os dias e que já viraram um hábito (escovar os dentes, dirigir etc.), se você tivesse que parar todas as vezes e racionalizar cada uma delas.

O insight é rápido, mas as mudanças levam tempo. É necessário repetição, é a chamada "neuroplasticidade", que é a capacidade do sistema nervoso central de adaptar-se e moldar-se a novas situações.

No geral, cultivamos bons hábitos. O problema são aqueles que mantemos e que interferem negativamente na saúde e na qualidade de vida. Como já criamos uma memória muscular, mudá-los para começar uma nova rotina, um novo jeito de fazer nem sempre é fácil. Ou seja, muitas vezes, a vontade consciente não é suficiente diante das reações e padrões automáticos do cérebro.

Isso pode explicar por que acordar cedo para se exercitar não parece uma boa ideia para o cérebro no início do processo de mudança. Ele precisa primeiro aprender a fazer isso, se moldar. E depois de repetir esse padrão várias vezes, finalmente ele será recompensado com estímulos de bem-estar, da endorfina e todos os outros hormônios liberados na prática da atividade física e começa então a sentir prazer, formando assim um novo hábito.

Padrão não é aquilo que você diz, mas aquilo que você faz e que é construído pela repetição e memória muscular.

A princípio, a motivação de querer mudar nos estimula e libera dopamina, proporcionando uma sensação de satisfação e prazer.

No entanto, após algum tempo, a vontade de voltar ao conforto dos hábitos antigos pode retornar. Nesse momento, mantenha-se firme na sua decisão, seja resiliente e deixe a disciplina falar mais alto e logo vão aparecer os primeiros resultados.

Existem alguns caminhos para seguir e colocar em prática as mudanças que tanto quer na vida, mas o principal deles é a decisão de querer mudar, e a disciplina que só vem com a constância e repetição que vão abrir as portas para as transformações.

Vamos pensar em coisas práticas advindas do autoconhecimento que você pode incorporar em sua rotina e provocar as mudanças que tanto deseja:

- Pense onde você está hoje e onde deseja chegar?
- Qual hábito ou comportamento deseja mudar?
- Identificou o hábito? Agora pense a respeito.
- Quando se comporta dessa forma, o que realmente acontece, o que deseja buscar?
- Trabalhe uma coisa de cada vez.
- Quais são os benefícios e malefícios consequência desse hábito?
- O que leva você a ter esse comportamento negativo?

- Anote os padrões que se repetem no momento anterior ao seu impulso ao hábito e questione-se: eu estava ansioso, triste, com raiva, estressado?

- Depois de entender o que está por trás do seu comportamento, chegou a hora de agir. Defina metas e estratégias para trocá-lo por outro mais saudável, e dê início a pequenos movimentos em direção às mudanças que tanto quer.

- Lembre-se, não é a velocidade, mas a direção, um passo de cada vez, não busque mudanças radicais.

- Baby steps — pequenos passos.

Use o espaço "Ponto de reflexão" para fazer as anotações.

Pacientes que ficaram em leitos de UTI normalmente prometem se cuidar após deixar o hospital se exercitando, dormindo melhor e se alimentando de forma adequada. Porém essas pessoas, após a alta médica, tendem a retornar aos comportamentos anteriores, ou seja, aqueles que os fizeram ir parar no hospital.

A pergunta é: o que precisa acontecer pra que essas pessoas se deem conta da importância de mudar seus hábitos?

Obviamente a morte será um pouco tarde para aprender. Como os seus valores vão ajudá-los nesse processo de mudança?

A resposta está em três palavras: autoconhecimento, disciplina e propósito. Uma coisa é certa, a conta vai chegar e, se você não estiver preparado, vai dar ruim.

Nenhuma mudança vai acontecer apenas com conhecimento, considerando que você sabe que tem que mudar. Isso vale pra tudo na vida. O conhecimento só é seu se você colocar em prática. Você precisa agir em direção às mudanças e pagar preço.

Pare de tentar e **seja aquele que faz!**

Ponto de reflexão!

1. Liste os hábitos que gostaria de mudar e construa um plano de ação para ressignificá-los?

2. Como você pode transformar um insight imediato em um plano de ação concreto para promover mudanças duradouras em sua vida?

3. Quais estratégias você utiliza para manter a motivação e a paciência necessárias durante o processo de mudança, sabendo que os resultados podem levar tempo para aparecerem?

4. Como você lida com os desafios e retrocessos que surgem durante o caminho de transformação após um insight, e de que maneira esses obstáculos influenciam sua perseverança e comprometimento com a mudança?

"Hoje é o dia de sua vitória perante o que você era ontem; amanhã é o dia da vitória sobre os homens inferiores".
(Musashi)

Movimento é vida

Diversos estudos indicam que o *Homo sapiens* (nome científico do homem moderno que significa homem sábio) apareceu há 200 mil anos na África, e dispersaram-se por todo o planeta entre 50 e 80 mil anos. Alguns cientistas acreditam que esse movimento aconteceu por fases: a primeira há cerca de 90 mil anos, levou o homem à península Arábica, depois, há 50 mil anos, à Indonésia e à Austrália, e logo a seguir para a Europa. Já o norte da Ásia e o continente americano teriam sido povoados há cerca de 20 mil anos, numa última onda de migração.

São várias teorias, estudos e evidências científicas sobre a evolução do homem na Terra. Vale ressaltar que esses estudos são apenas parte de um todo e não fazem menção aos nossos parentes mais antigos, do período conhecido como pleistoceno, os *Australopithecus* primatas com características humanas. Pesquisas indicam que esses primatas viveram entre 2 e 3 milhões de anos nas savanas e florestas da África e passavam boa parte do tempo nas árvores se alimentando de folhas e frutas. Toda evolução do ser humano se deu a partir do momento que o homem (primatas) resolveu descer das árvores e se movimentar pela terra.

O fato é que, desde que o mundo é mundo, a vida é movimento.

A essência do homem é o movimento, está em nosso DNA e, infelizmente aos poucos, o homem vem nos afastando dela.

Desde os primórdios da humanidade, o movimento tem sido essencial para sobrevivência e evolução, sempre esteve no coração da experiência humana. Mas, à medida que nossas sociedades se modernizaram e a tecnologia passou a evoluir a cada segundo, a conveniência da vida sedentária começou a obscurecer essa verdade fundamental: "movimento é vida".

Nossos ancestrais que viviam nas cavernas se movimentavam o tempo todo por uma simples razão: a sobrevivência. Herdamos esse instinto de sobrevivência de nossos parentes distantes, os *Australopithecus*.

Estar em movimento significava manter-se vivo e procriar. Eles tinham consciência disso, primeiro porque precisavam se alimentar e tinham que caçar seu alimento todos os dias e se fartar deles, não sabiam quando encontrariam novamente uma caça ou resto dela. A concorrência era grande com outros predadores. Na maioria das vezes se alimentavam de restos da caça de outros animais, prevalecia à lei do mais forte, e naquela questão temporal não existiam iFood nem supermercados, obviamente.

Outro ponto importante a destacar é que seriam presas fáceis se ficassem parados ou acomodados em uma determinada região. Eles se movimentavam o tempo todo e sua rotina era basicamente esta: buscar abrigo ao escurecer e quando o dia clareava se colocar novamente em movimento em busca de alimento.

Precisamos entender que a essência da vida é, e sempre será, o movimento.

A questão é que o homem ainda não entendeu ou internalizou de forma equivocada o sentido de tanta evolução e está se deixando levar pelo encantamento e facilidades da tecnológica. Não que ela não seja importante e necessária, em absoluto, este é o caminho natural, promover o desenvolvimento econômico, social, gerar renda e contribuir com a sociedade e a formação do ser humano integral.

Depois de caminhar por milhares de anos sobre a terra, de repente o homem se vê cercado pelas inúmeras opções confortáveis e comodidades proporcionadas pela tecnologia, afastando-se de sua essência. Nesse sentido, vem se tornando sedentário, acomodado, priorizando o uso das máquinas, computadores, veículos, elevadores e escadas rolantes.

O meio ambiente no qual vivemos não contribui muito para o movimento, tendo em vista a comodidade nos deslocamentos e facilidade em nos alimentar em um toque de tela.

Um fato curioso que podemos observar nos shoppings é que são poucas as pessoas que utilizam as escadas tradicionais, da mesma forma acontece nos prédios com relação aos elevadores. Pasmem, até acidentes com escadas rolantes já são registrados.

O movimento é a linguagem do nosso corpo, uma expressão de saúde, energia e bem-estar. É a dança do corpo, o fluxo do sangue, o ritmo dos passos que nos mantêm ligados no mundo ao nosso redor e a nós mesmos.

O resultado dessa perda de consciência reflete em diversas doenças físicas e mentais, que poderiam ser facilmente evitadas com o movimento. As pessoas estão ficando ansiosas, deprimidas, sem o mínimo de condicionamento físico. Falta-nos ar nos pulmões para subir um ou dois andares de escada. As pessoas estão ficando diabéticas, obesas, com pressão alta, tristes e se desconectando cada vez mais de sua essência.

"O percentual da população adulta no Brasil acima do peso é hoje de 60%, conforme pesquisas do IBGE (2018/2019). A pesquisa aponta que 60,3% dos brasileiros com 18 anos ou mais, correspondente a 96 milhões de pessoas, estavam acima do peso em 2019. Dentro desse grupo, 41,2 milhões (25,9% da população) estavam obesos, ou seja, característica observada em uma a cada quatro pessoas".

"A pesquisa também identificou que 19,4% dos adolescentes entre 15 e 17 anos no Brasil estão acima do peso, e 6,7% estão obesos. Entre 2003 e 2019, os resultados de duas pesquisas do IBGE mostraram que a proporção de obesos na população com 20 anos ou mais de idade do país saltou de 12,2% para 26,8%. Já a proporção de pessoas com excesso de peso subiu de 43,3% para 61,7%." (IBGE 2003/2018-2019).

Toda essa narrativa sobre o movimento vem de estudos e pesquisas realizadas por cientistas, neurocientistas e professores de renomadas universidades pelo Brasil e pelo mundo.

De acordo com estudo realizado pelo Departamento de Medicina Preventiva da Faculdade de Medicina da Universidade de São Paulo (USP) e Ministério da Saúde em colaboração com a Universidade Harvard, nos Estados Unidos, milhares de casos de câncer no Brasil por ano poderiam ser evitados com a redução de peso e obesidade.

A pesquisa estima ainda que em 2030 o Brasil terá dezenas de milhares de novos casos de câncer atribuíveis ao sobrepeso e à obesidade. "**Dados do Ministério da Saúde em relatório de 2020 mostram que a falta de atividade física é a principal causa do diagnóstico de câncer de mama e cólon em 25% dos diagnósticos**. Também é maior responsável por casos de diabetes (27%)." (https://www.inca.gov.br/sites/ufu.sti.inca.local/files/media/document/estimativa-2020-incidencia-de-cancer-no-brasil.pdf).

Conheço pessoas que vão comprar pão na padaria da esquina com seu carro, parece mentira, mas é verdade. Elas estão negligenciando e terceirizando responsabilidades básicas e pagando por qualquer coisa que traga comodidade, se alimentando mal, se movimentando minimamente, dormindo mal. Tudo isso somado a alguns hábitos negativos como o fumo e bebida pode se tornar uma verdadeira bomba prestes a explodir.

Gosto muito de uma banda de pop rock irreverente de Goiânia chamada **Pedra Letícia**, que surgiu por volta de 2008. Em uma de suas letras, na música com título **"O menino"**, eles satirizam a in**é**rcia e acomodação das pessoas. Busque no YouTube e confira na íntegra.

Veja esta primeira estrofe:

> *O meu médico disse que é pra eu me exercitar,*
> *O meu médico disse que é pra eu me exercitar,*
> *Tô pagando um menino pra ir lá no meu lugar*
> *Tô pagando um menino pra ir lá no meu lugar*
> *Dá até gosto de ver, o moleque ir lá malhar*
> *Dá até gosto de ver, o moleque ir lá ralar...*

Seria cômico se não fosse trágico. É uma sátira que descreve uma situação tão absurda ou irônica que, apesar de engraçada, é também triste e lamentável. Não se engane, tem muita gente nessa vibe, infelizmente.

Pois é exatamente isso que está acontecendo, as pessoas estão pagando por tudo, comprando tudo o que o dinheiro pode pagar, só esquecem uma coisa: que o dinheiro não pode comprar saúde. Depois que a doença está instalada, você pode no máximo pagar pelo tratamento, se tiver recursos, é claro, o que não garante que a saúde seja reestabelecida.

A melhor maneira e mais econômica de combater a doença é fazendo um trabalho preventivo, fazer a sua parte, e o movimento é um dos caminhos a serem percorridos.

Já diziam os samurais: "em tempos de paz, prepare-se para a guerra".

Não adianta ficar terceirizando essa responsabilidade como algumas pessoas fazem. Quando o bicho pega, elas clamam por Deus, ai pode ser tarde porque Ele não vai fazer a sua parte.

"Faça a sua parte que Eu te ajudarei", foi o que Jesus falou.

Quando falo em movimento, não estou me referindo apenas ao movimento físico, mas também ao mental e espiritual. A falta de movimento faz com que o nosso organismo fique atrofiado, com um emaranhado de doenças, físicas e mentais, fazendo com que nosso espírito agonize e fique no vácuo, sofrendo com a perda de sentido e fé. Nessa tocada nos distanciamos de nossa essência e ficamos cada vez mais infelizes e vulneráveis.

Não somos apenas um corpo físico, temos outros corpos, o emocional, mental e espiritual.

Sempre enfatizo esse aspecto na jornada do samurai: **corpo fraco não sustenta espírito samurai.**

Essa frase reflete a antiga sabedoria de que a força física e a resiliência mental estão intimamente conectadas. Os samurais, guerreiros do Japão feudal, eram conhecidos tanto por sua habilidade marcial quanto por sua disciplina espiritual. Eles compreendiam que um corpo bem treinado e forte era fundamental para suportar as intensas cargas de responsabilidades e os rigores do treinamento.

Um espírito samurai simboliza coragem, disciplina, honra e determinação. No entanto, para que esses atributos floresçam plenamente, é necessário que o corpo seja igualmente robusto. Um corpo fraco pode limitar a capacidade de enfrentar desafios, resistir a adversidades e manter a calma em situações de alta pressão, características essenciais de um verdadeiro guerreiro.

Em uma era em que o estresse é constante e as demandas são altas, manter o corpo em boa forma por meio de exercícios, alimentação saudável e descanso adequado é vital.

Temos que cuidar do corpo, ele é a porta de entrada, nossa morada. Se estiver fraco, o movimento fica comprometido em todas as direções, impactando diretamente a saúde e os seus resultados.

Outro aspecto com relação ao cuidado com o corpo que reverbera na qualidade de vida é que tanto a nossa saúde como a doença impactam o todo, ou seja, um grupo maior que é a sociedade.

Se eu estou saudável, tenho mais disposição e consigo produzir muito mais, gerando mais renda e ampliando minha área de atuação, tanto econômica como social. Por outro lado, se eu não me cuido e fico doente com frequência, acabo aumentando as estatísticas nas planilhas de custos dos planos de saúde e do próprio governo. No final das contas, de uma forma indireta, as despesas com a minha doença acabam sendo rateadas para toda a sociedade. Quanto mais gente doente e usando os planos de saúde, mais caros eles ficam. No final quem paga a conta somos nós.

Apesar de ser simples, não é fácil se colocar em movimento o tempo todo, mas é necessário e o correto a ser feito. Temos em nosso DNA essa memória muscular, só temos que reativá-la e treiná-la. A chave desse construto é a disciplina, já falamos disso, é fazer o que precisa ser feito.

- Só existe uma forma de se colocar em movimento, é se movimentando!
- Só existe uma forma de fazer, é fazendo!

Se você acredita que não tem disciplina, mude essa matrix, ressignifique sua crença. Disciplina é uma habilidade que pode ser treinada e está ao alcance de qualquer pessoa.

O que você tem que fazer é parar de dar desculpas e se vitimizar diante das circunstâncias.

Não permita que o Zé Desculpinha interfira nas suas ações.

O trabalho começa de dentro pra fora, a partir de um compromisso assumido com você mesmo, uma decisão. "Disciplina" e "compromisso" são as palavras de ordem.

Pense o seguinte: você é um vencedor mesmo antes de nascer, sem falar que é um filho de Deus dotado de capacidade extraordinária.

"Como assim, Antônio?"

A sua primeira vitória aconteceu lá atrás, quando venceu milhares de concorrentes na luta pela vida. Você foi o esperma vencedor que com um esforço extraordinário chegou à frente de seus adversários e fecundou o óvulo, ganhando assim o maior de todos os prêmios: o direito à vida.

Essa é a maior modelagem que você pode fazer e se ancorar. Essa é a disciplina da chegada que traduz a importância do movimento, na concepção e manutenção da vida e na construção de resultados. Tudo começa com um primeiro pequeno passo para se tornar vitorioso.

Movimento e disciplina é o que faz chegar, é vida e resultado!

Quando estiver difícil, lembre-se de sua primeira vitória mesmo antes de nascer. Se eu cheguei à frente deles, eu posso chegar a qualquer lugar, eu consigo. Pense nisso!

"Ah, Antônio, mas eu estou velho, não consigo mais me movimentar direito, meus músculos estão fracos, não tenho mais idade para isso".

Essa é uma historinha antiga que muita gente gosta de contar, principalmente a tribo do Zé Desculpinha. Existem muitas pessoas velhas com 20 e 30 anos e muitos jovens com 60 e 70 anos, isso é uma questão de estilo de vida e percepção de tempo e esforço. A idade muitas vezes não está na cronologia do tempo, essa é inevitável, pois o tempo vai passar de qualquer jeito. Está na forma que constrói e leva a vida. A vida que você leva hoje é consequência do seu esforço e atitudes de ontem, do mês passado e de todos os anos passados.

Não pense na idade ou na doença como fator impeditivo de fazer as coisas. Saúde não é ausência de doença e sua idade não te define.

Guardadas as proporções, você pode fazer tudo que quiser. Ela não te impede de estudar, de correr, de fazer musculação, artes marciais, pular de paraquedas e namorar. Essa história de idade não cola. A questão é a acomodação, a zona de conforto, a falta de disciplina.

Envelhecer é inevitável, ficar velho é uma opção. Movimente-se!

O cérebro é uma máquina extraordinária, já falei isso. O fato de ele não saber distinguir o que é uma experiência do que é realidade pode ser um ponto positivo quando bem administrado. Por isso a importância de ter cuidado com a forma que alimentamos nosso cérebro.

Ele é o responsável por tudo que acontece em nosso organismo e em nossas vidas. Ele é um grande cumpridor de ordens, age e reage conforme as nossas emoções. Uma máquina extraordinária que nunca descansa.

Somos filhos de Deus, dotados de infinita sabedoria e capacidade, seres que vivem em movimento há milhares de anos. Reconhecer a ancestralidade e a essência do movimento é a base para construção e consolidação de nossos resultados.

Devemos também observar que, seja no trabalho, enquanto estudante, atleta ou qualquer circunstância, por mais produtivo e proativo que seja, em algum momento seu corpo vai precisar descansar, pois você não é uma máquina, e mesmo as máquinas precisam de manutenção.

Só quem não descansa é o cérebro, você sabia disso?

"Ah, Antônio, mas à noite quando dormimos ele descansa, né?" Negativo, meu amigo.

Pra você ter uma ideia, nem à noite o cérebro descansa, pelo contrário, quando dormimos ele trabalha dobrado, fazendo a faxina no organismo. Porque é à noite que a mágica acontece. Ele é responsável pela renovação de bilhões de células em nosso organismo, produz diversos hormônios, entre eles o do crescimento. Todo tipo de aprendizado obtido durante o dia é armazenado em uma área do cérebro chamado "hipocampo", que é a memória provisória, e à noite é transferido para o neocórtex pré-frontal, no qual fica a memória definitiva. Por isso temos a necessidade de ter uma boa noite de sono, preferencialmente oito horas, que varia um pouco de pessoa pra pessoa, considerando principalmente o seu estilo de vida.

Praticamente tudo que fazemos durante o dia somente é consolidado durante a noite, é no momento do sono reparador nas suas diversas fases que colhemos os benefícios de tudo que produzimos e aprendemos durante o dia, inclusive a prática de atividades físicas.

É quando o nosso organismo se renova e o movimento se torna resultado, quer seja no aspecto físico, mental ou espiritual, onde acontecem todas as conexões.

A propósito, você sabe por que o nosso organismo se chama organismo? Porque ele é organizado, somos nós que desorganizamos tudo, ao não fazermos o básico. Nosso cérebro e organismo correspondem na justa medida em que servimos a ele, fazendo o que precisa ser feito.

Os pré-requisitos para ter uma boa saúde e uma vida teoricamente em equilíbrio são: o sono reparador, o movimento, uma alimentação saudável, respiração adequada, mentalidade e atitudes positivas.

Vejamos um checklist para ver seu nível de comprometimento com seu bem-estar e saúde:

- Você toma café pela manhã todo dia?

- Você almoça todo dia?
- Você faz um lanche pela tarde todo dia?
- Você janta ou faz uma refeição leve à noite todos os dias?
- Esses hábitos de alguma forma incomodam você?
- **E por que praticar uma atividade física, se colocar em movimento de alguma forma te incomoda tanto e é tão difícil?**

Para nos oferecer uma boa qualidade de vida e saúde, **o nosso organismo depende do movimento da mesma forma que depende de uma boa alimentação e do sono reparador.**

Assim como a alimentação e o sono, o movimento não pode ser armazenado, tampouco comprado aos quilos ou dúzias no supermercado. Precisamos nos alimentar todos os dias, dormir todos os dias e, de igual forma, **se movimentar todos os dias.**

A OMS recomenda no mínimo de 150 a 300 minutos de atividade física moderada por semana para todos os adultos, uma média de 60 minutos de atividade física aeróbica moderada por dia. Isso é o mínimo, pessoal, e vai depender muito do nível de prática em que você estiver: iniciante, intermediário e avançado. O ideal é se movimentar todos os dias, alguns deles com maior intensidade e outros em um ritmo menor, alternando trabalhos de força e cárdio.

Pode parecer óbvio dizer que a pessoa está saudável quando não está doente, mas essa é apenas uma meia-verdade.

Essa ideia não está totalmente errada, tampouco 100% certa, o conceito de saúde é muito mais amplo.

Saúde não é ausência de doença, a OMS define saúde como um estado de completo bem-estar físico, mental e social e não somente ausência de enfermidades.

O movimento transforma não só o nosso corpo, ele impacta a mudança corporal que faz a mente ficar muito mais forte, reverberando diretamente no espírito e nas emoções.

Quando uma pessoa se desenvolve a partir do movimento, ela constrói uma mentalidade diferenciada, aquela que eu chamo de "mentalidade samurai", uma nova estrutura com mais destreza e autoconfiança. Ganha consciência de sua capacidade de realização, se tornando mais produtiva, criando uma modelagem mental de sucesso e ficando espiritualmente forte.

Se você deseja saúde, bem-estar, qualidade de vida e resultados sustentáveis, o movimento deve estar no topo de sua lista de prioridades e se tornar uma prática diária.

Quando falo em movimento, estou me referindo à tríade corpo, mente e espírito. Não adianta ser forte e desprovido de inteligência, forte e com espírito fraco e sem fé, estou falando de equilíbrio, movimento integral.

Corpo e mente fracos não sustentam espírito samurai.

Registre aí e **seja aquele que faz**, com movimento!

Ponto de reflexão!

1. De que maneira o movimento e a atividade física influenciam sua sensação geral de bem-estar e felicidade, e como você pode ajustar sua rotina para maximizar esses benefícios?

2. Quais são os maiores obstáculos que você enfrenta para manter uma rotina ativa, e que estratégias pode implementar para superar essas barreiras e adotar um estilo de vida mais saudável e dinâmico?

3. Como as práticas que combinam movimento e introspecção podem ajudar a cultivar uma conexão mais profunda com o seu interior e promover um senso de paz e equilíbrio espiritual?

*O movimento está impregnado em nosso DNA,
qualquer coisa
diferente disso é jogar contra o patrimônio.*

Busque o desconforto

Conta que a vida de Hanna, uma destemida e intrépida jovem, filha de um grande mestre samurai, era uma constante busca pelo desconforto, não media esforços para conquistar seus objetivos. Enquanto muitos evitavam qualquer vestígio de desconforto, Hanna abraçava-o de braços abertos, vendo-o como uma oportunidade de crescimento e autodescoberta.

Essa era uma característica sua, desde a infância, por influência direta de seu pai, ela buscava desafios que a tirassem da zona de conforto, acreditando firmemente que é no desconforto que encontramos a verdadeira evolução.

Para Hanna, cada situação desconfortável era um convite para expandir seus conhecimentos, testar suas habilidades e descobrir novas facetas de si mesma. Seja participando de atividades físicas desafiadoras, enfrentando seus medos ou buscando experiências fora de sua zona social, Hanna estava sempre pronta para se lançar no desconhecido em busca do crescimento pessoal.

Sua história é um lembrete poderoso de que, embora o desconforto possa ser intimidante, é também onde residem as oportunidades mais profundas de aprendizado e transformação. À medida que nos conectarmos com os pensamentos e atitudes de Hanna, descobrimos os benefícios de buscar o desconforto e como isso pode nos levar a uma vida mais rica, plena e significativa.

Este é o convite que faço a você, se inspire na história de Hanna!

A disciplina poder ser encarada como remédio, e como todo remédio precisa da dose certa para fazer efeito. Ela cura a preguiça, a procrastinação e a inércia que acometem grande parte do ser humano. Disciplina é o que vai fazer você conquistar resultados sustentáveis, romper a barreira da motivação e sair dessa zona confortável que tanto cultua.

A pergunta de milhões é: como sair desse lugar?

Eu respondo: vá para o pelotão da frente do campo de batalha e se jogue na trincheira!

Mar calmo não forma bons marinheiros. A evolução e o crescimento não acontecem na calmaria. Você precisa se desafiar e combater o bom combate.

Você nunca vai ter o glúteo que quer sentado no glúteo que tem. Você precisa exercitá-lo e para isso tem que sair de onde está e se colocar em desconforto.

Os samurais são conhecidos como a classe mais disciplinada do mundo e se colocar na zona de desconforto foi um dos principais motivos de se tornarem os guerreiros mais temidos, corajosos e difíceis de enfrentar. Por quê? Porque eles não temiam nem a morte, a vitória era a única opção.

Quando jovens, os samurais começavam um processo de peregrinação. Eles saíam viajando pelo Japão em busca de desafios e se colocando na zona de desconforto. **Eles procuravam propositalmente situações desconfortáveis** e foi exatamente isso que os fez evoluir acima da média e se aperfeiçoarem, não só na arte da guerra, mas em várias áreas.

Como podemos fazer para modelar os samurais?

O conforto está ligado ao comodismo, que por sua vez é o caminho do fracasso.

As pessoas, muitas vezes, não querem sair desse lugar porque é quentinho e confortável, mesmo que não traga resultado algum. É onde elas sobrevivem sem suar a camisa.

"Mas, Antônio, eu não posso ter conforto? Eu trabalho é para ter uma vida confortável".

Claro que sim, deve buscar o conforto na medida certa. Tem que se manter vigilante e não deixar que ele te paralise e faça você ficar estagnado e à margem do crescimento. Porque é exatamente isso que acontece com as pessoas, **elas se acomodam em um determinado momento.**

Imagine você comendo deliciosas sobremesas e diversas guloseimas todos os dias por um determinado tempo. Isso é bom do ponto de vista palatável, sabor e prazer. Quando você se der conta, o estrago foi feito, ficou com sobrepeso, a mesma coisa acontece na zona de conforto. Você se acostuma a fazer o feijão com arroz, cria um padrão e acaba ficando nele, sem perceber que não está tendo resultado algum, pelo contrário, está jogando contra seu patrimônio em todos os sentidos.

A prática da luta, da arte marcial te molda na medida certa e traz um desconforto produtivo que você leva pra vida.

Ficar confortável no desconforto é o que faz a diferença, ajuda a criar a chamada resiliência samurai. Conviver com o desconforto não é nada fácil, o próprio nome já diz, é desconfortável. Quando você entender que o desconforto leva ao conforto, estará entendo o jogo. Se colocar em uma situação de desconforto como em uma luta, ou qualquer outro esporte, é se blindar de certa forma para as situações cotidianas da vida, você se torna mais forte e resiliente.

Nas artes marciais, você aprende a ganhar e a perder, nada é garantido, mas isso é muito importante na construção do atleta, do artista marcial e do ser humano integral, porque a vida é construída nas suas dualidades.

Uma pessoa com um ótimo emprego um dia pode ser demitida, pode também não conseguir manter seu relacionamento por algum motivo, não conseguir se formar no tempo que gostaria ou não ser campeão em um determinado campeonato, tudo isso pode desencadear ansiedade, uma tristeza profunda ou depressão em qualquer pessoa.

Quando você está acostumado a se colocar em situações de desconforto, você vai ter mais facilidade para enfrentar essas situações que a vida vai te impor. Nada é pra sempre, nem os momentos bons nem os ruins.

Todo mundo gosta de ganhar e ter bons resultados, uns são mais competitivos, outros menos, mas todos querem ganhar de alguma forma, seja no esporte, nas artes marciais ou na vida.

Quem não quer ser feliz e ter sucesso?

A questão é o quanto você se preparou para ganhar e ter resultados satisfatórios? O quanto você está disposto a pagar o preço? Pagar o preço não no sentido punitivo, mas como se fosse um investimento em um ativo financeiro que vai te remunerar no médio e longo prazos com ótimos rendimentos. Pagar o preço hoje para ter benefícios amanhã.

As suas escolhas devem ser na proporção de sua capacidade de pagar o preço, como se buscasse o estado de flow, em que o desafio deve ser proporcional às suas habilidades para não causar frustração, se não atingir o objetivo. Nenhum resultado acontece da noite para o dia, é um construto diário que vamos acumulando, e nessa jornada o desconforto é inevitável.

Não existe evolução na zona de conforto e, de novo, volto a citar o *kaizen* como uma ferramenta eficiente nesse processo.

Se você quer eliminar 20 quilos, comece neutralizando os sabotadores que frequentemente estão te atrapalhando. Não mantenha estoques em casa de doces, chocolates, biscoitos, refrigerantes, entre outros, dificulte as recaídas. O açúcar é um dos principais inimigos da perda de peso. Não é fácil parar da noite para o dia, mas é preciso parar se realmente quer conquistar seus objetivos. Eliminar hábitos enraizados é um grande desafio, algumas vezes você vai conseguir eliminar ou substituir mais rápido, outras vezes vai demandar mais tempo e muito mais esforço.

Para eliminar 20 quilos primeiro pense em eliminar 2, 5, 8, 10 quilos, e caminhe progressivamente em direção ao seu objetivo. Diminua as quantidades de alimentos ingeridos, comece a praticar atividade física, beba mais água e regule a qualidade e tempo de sono. Você vai precisar passar pelo desconforto de não tomar sorvete, de não comer doces e chocolates, ter que acordar cedo para se movimentar, diminuir o tempo de tela no celular para poder dormir mais cedo e ter disposição no dia seguinte. Não é fácil, eu sei, no início tudo é difícil, mas o nosso corpo e nosso cérebro se acostumam, pra isso demanda tempo, esforço, e é preciso pagar um preço.

O resultado será sempre proporcional ao seu esforço e passar pelo desconforto é parte desse processo. Quando falo de desconforto não estou falando de punir o seu corpo ou qualquer tortura, absolutamente não, isso seria masoquismo. É você entender que fazer sempre a mesma coisa todos os dias vai te trazer os mesmos resultados todos os dias. Você precisa se desafiar, forjar o seu corpo e sua mente de outra forma e fazer coisas diferentes ou pelo menos fazer a mesma coisa de maneira diferente, buscar um novo jeito que te desafia e ir pra trincheira. Sair da chamada zona de conforto, que pode estar ruim porque não tem resultado, mas está bom porque não corre maiores riscos.

Todo mundo quer ser disciplinado e bons resultados. A pergunta é: o que você está fazendo hoje para se tornar disciplinado?

Qual foi a última vez que você se desafiou de verdade, que fez alguma coisa pela primeira vez, que se colocou à prova?

É isso que te faz crescer. Se você se prende ao conforto é porque tem medo e insegurança em algum nível. Não fuja das situações desconfortáveis. Toda vez que se ver em uma situação desconfortável, esteja 100% presente nela, foque e resolva a treta. Se ficar pensando muito e teorizando, vai acabar fugindo.

De boas intenções o inferno está cheio, já ouviu esse ditado?

O caminho da espada é reto.

Quando só existe um caminho, todas as dúvidas desaparecem. Na jornada do samurai não existe plano B. Você pode até mudar a estratégia, a rota, mas o plano não.

Quando um samurai diz que vai fazer alguma coisa, é como se já tivesse feito.

Registre aí e **seja aquele que faz!**

Ponto de reflexão!

1. Quais estratégias você pode usar para manter a motivação e a resiliência ao se colocar e permanecer em situações desconfortáveis, e como poder medir o progresso ao longo do tempo?

2. De que maneira a prática contínua de sair da zona de conforto pode influenciar positivamente sua confiança e capacidade de enfrentar desafios inesperados na vida profissional e pessoal?

3. Você seria capaz de identificar algumas situações de zona de conforto em que você se encontra atualmente? O que te impede de sair delas e quais medos ou resistências você considera para mudar essa situação? Quais passos concretos pode dar para superar esses obstáculos e subir de nível?

*"Se você ficar apegado a uma folha, não enxergará uma árvore.
Se você ficar apegado a uma árvore, não enxergará floresta".
(Monge Takuan)*

Autorresponsabilidade

Em um mundo onde as circunstâncias externas muitas vezes parecem ditar o curso de nossas vidas, assumir a responsabilidade pessoal pode ser um ato de verdadeira coragem.

Autorresponsabilidade é a aceitação de que somos os autores de nossa própria história, e que nossas ações moldam o nosso destino.

Não é sobre culpa, mas sobre capacitação. Trata-se de entender que, mesmo em meio a desafios e adversidades, temos o poder de escolher como reagir e o caminho que queremos seguir.

A lógica de muitas pessoas é transferir a responsabilidade de determinada situação quando elas não saem conforme planejado, tanto na vida pessoal como profissional e, principalmente, quando a coisa dá ruim. A primeira reação nesse caso é tirar o seu da reta, como diz o ditado, e achar um culpado.

A responsabilidade nunca é minha. É do tempo, porque choveu muito, por isso não consegui chegar no horário. Da minha esposa, que faz umas comidas muito gostosas, por isso não consigo emagrecer. Do meu professor, que não sabe ensinar direito, por isso eu não consigo aprender. Do meu chefe, que estipulas metas exageradas e me sobrecarrega de tarefas, e por aí vai. No final das contas são desculpas que encontramos para amenizar ou nos eximir das reponsabilidades.

Será que realmente não temos responsabilidade sobre o acontecido?

Você pode até buscar se justificar, mas tudo que acontece na sua vida é de sua responsabilidade.

O que é de fato a autorresponsabilidade?

Trocando em miúdos, autorresponsabilidade é a capacidade de responsabilizarmos a nós mesmos por tudo aquilo que acontece em nossas vidas.

É a virtude de assumir a consequência de nossos atos e escolhas. Essa capacidade permite compreender que somos responsáveis pelo ônus e pelo bônus que impacta nossa vida. Quem cultiva essa habilidade compreende que tudo de bom ou de ruim que acontece, é de nossa responsabilidade.

Autorresponsabilidade é um hábito, e também uma habilidade e, como qualquer outra, pode ser desenvolvida em treinamento. Da mesma forma que aprendemos a terceirizar a responsabilidade pelo acontecido, podemos aprender a assumi-las.

Essa é uma habilidade de extrema importância para fortalecer o nosso autoconhecimento, nossas relações e resultados. Por meio dela podemos identificar nossos erros, corrigi-los e aprender com eles.

Podemos dizer que a autorresponsabilidade precede o sucesso. Dificilmente a pessoa vai ter sucesso em um empreendimento ou na vida pessoal se não fizer esse exercício de autoconhecimento, que é olhar para dentro e se perguntar: qual é a minha parcela de responsabilidade no que aconteceu?

Assumir o compromisso da mudança já é um ótimo começo para tornar a autorresponsabilidade um hábito em sua vida.

Ela era também uma forte característica dos antigos guerreiros samurais. A partir do seu código de honra, ética e conduta, o "***Bushido***", eles se guiavam, cumpriam suas obrigações e serviam com extrema devoção, gratidão e responsabilidade, tirando muitas vezes a sua própria vida quando não conseguiam sucesso em determinada missão.

Por que você deve praticá-la no dia a dia?

Aplicar a autorresponsabilidade no dia a dia nos permite um exercício contínuo de aprendizado e reflexão sobre nossas atitudes. É uma jornada de autoconhecimento em busca do autodesenvolvimento, que favorece identificar e corrigir nossos erros. É você ter autocontrole de sua vida, admitir suas vulnerabilidades e ressignificá-las.

Imagine a situação do Sr. Pedro San, gestor de uma grande empresa varejista, cujo resultado de sua equipe não foi lá essas coisas no semestre. Ao ser interpelado pelo seu CEO, ele argumenta: "eu teria tido um resultado muito melhor se a minha equipe não fosse tão ruim". E para piorar, no dia da apresentação dos resultados, ele chegou atrasado à reunião e justificou: "eu me atrasei por causa do trânsito, estava um inferno hoje".

Um outro líder chamado Ricardo Yumi, também gestor nessa mesma empresa, protagonizou uma situação semelhante, ou seja, o resultado de sua equipe no semestre foi bem abaixo do esperado. Esse líder não fugiu das suas responsabilidades e justificou ao seu diretor: "realmente o resultado da nossa equipe ficou aquém do esperado, eu teria obtido um resultado melhor se tivesse planejado a tempo as estratégias de MKT e engajado melhor minha equipe, a responsabilidade é toda minha. Já nos reunimos e alinhamos novas estratégias para reverter essa situação, tomei as devidas providências e vamos recuperar o resultado nesse próximo semestre".

Tal qual o primeiro líder, nesse dia, ele também chegou atrasado à reunião de fechamento de metas. "Peço desculpas aos senhores, tive um imprevisto com meu filho, era aniversário dele e não consegui sair mais cedo de casa, falhei na minha gestão de tempo, devia ter previsto um trânsito complicado, vou corrigir essa logística".

Situações idênticas e atitudes completamente diferentes. A autorresponsabilidade nos dá o controle sobre todos os aspectos de nossas vidas e permite um grande aprendizado quando assumimos a nossa responsabilidade nas adversidades negativas que acontecem.

A ausência dessa habilidade vai atrasar sua vida em todos os aspectos, quer seja no pessoal ou profissional.

No trabalho por exemplo, evidencia a falta de capacidade de gerenciar conflitos, traduz menor produtividade, cria um mal-estar entre os colaboradores, prejudica a comunicação e tantas outras coisas que vão impactar diretamente os resultados da empresa.

Por outro lado, quando a cultura organizacional da empresa tem como pilar a autorresponsabilidade, a situação é completamente diferente. As dificuldades continuam existindo, porém, a capacidade de solucioná-las e reverter situações desfavoráveis é muito maior. Gera-se assim muitos benefícios para seus colaboradores e para empresa, a saber:

- melhor clima organizacional;
- desenvolvimento do autoconhecimento;
- mudança de hábitos e melhora de processos;
- melhora da disciplina e foco da equipe;
- redução das crenças limitantes;
- redução de conflitos;
- melhores oportunidades de crescimento profissional;
- formação de novos líderes;
- melhores resultados para a empresa.

É inquestionável a importância da autorresponsabilidade na nossa vida em todos os aspectos. Chamar a responsabilidade pra si é um processo de disciplina, foco, autoconhecimento e no final das contas se torna um construto da felicidade. Ela acaba sendo um diferencial competitivo e uma ferramenta importante para o desenvolvimento de ser humano integral.

Essa é uma jornada contínua. Para isso, você deve se manter vigilante sobre suas decisões e atitudes, observando seus comportamentos, desenvolvendo o exercício da autoconsciência, sendo proativo para mudança de hábitos, controlando impulsos e ponderando sobre suas decisões. Você deve desenvolver uma visão sistêmica sobre seus hábitos, evitando deslizes, fortalecendo sua disciplina e aprendendo com os resultados, positivos ou negativos, eles sempre nos ensinam.

Registre aí e **seja aquele que faz**, com autorresponsabilidade.

Ponto de reflexão!

1. Como a prática da autorresponsabilidade pode influenciar positivamente suas relações pessoais e profissionais, promovendo um ambiente de confiança e crescimento mútuo?

2. De que maneiras assumir a autorresponsabilidade pode ajudar você a alcançar seus objetivos e a superar desafios, transformando obstáculos em oportunidades de aprendizado e desenvolvimento?

3. Como a autorresponsabilidade pode impactar sua saúde mental e emocional, proporcionando uma sensação de controle e empoderamento em sua vida cotidiana?

*Não existe evolução sem autoconhecimento,
disciplina e autorresponsabilidade.*

Disciplina samurai não trabalha em meio expediente

A disciplina é um dos pilares fundamentais para o sucesso em qualquer área da nossa vida. No entanto, para muitas pessoas, o conceito de disciplina é frequentemente mal compreendido ou subestimado.

A verdadeira disciplina não pode ser praticada esporadicamente ou apenas quando é conveniente. Ela não trabalho meio expediente; ao contrário, é uma força constante e implacável que exige compromisso total.

A essência da disciplina

Disciplina é a habilidade de manter o foco e a consistência em direção a um objetivo, independentemente das circunstâncias. É a capacidade de seguir um plano ou um conjunto de regras mesmo quando a motivação tirou férias.

A disciplina samurai se manifesta naqueles momentos em que o entusiasmo desaparece, quando as dificuldades surgem e quando tudo parece conspirar contra a perseverança.

Na jornada do samurai, disciplina não é uma prática ocasional, é um estilo de vida, um ato contínuo.

Imagine um atleta olímpico treinando para a competição. O sucesso não vem apenas nos dias em que se sente inspirado e cheio de energia. Ele vem dos dias de treino incessante, mesmo quando está cansado, mesmo quando os músculos doem, mesmo quando o tempo está ruim. É essa disciplina diária, sem desculpas, sem mimimi, que distingue os campeões dos amadores, ou seja, os meninos dos homens.

O papel da disciplina na vida cotidiana

A disciplina não se aplica apenas a atletas profissionais de alto desempenho; ela é igualmente necessária em nossas vidas cotidianas. Seja nos estudos, no trabalho, na gestão de finanças pessoais ou na manutenção de relacionamentos saudáveis, a disciplina é o que nos permite avançar consistentemente.

Vamos imaginar o exemplo de Misaki, uma estudante de medicina que sonha em se tornar uma neurocirurgiã renomada. Para ela disciplina é acordar cedo todos os dias para estudar, mesmo quando seus amigos estão se divertindo. É revisar suas anotações detalhadamente, participar de sessões de prática clínica, e buscar constantemente aprimorar suas habilidades.

Misaki sabe que a disciplina não tira folga nem férias, tampouco trabalha meio expediente. Ela está presente em cada decisão que toma, cada hora extra de estudo, e cada sacrifício feito em prol de seu objetivo maior.

Obstáculos à disciplina

Claro, manter a disciplina não é fácil, se fosse fácil seria sacri-fácil. A vida é cheia de distrações, tentações e desafios inesperados. Um dos maiores obstáculos é a procrastinação, a tendência de adiar tarefas difíceis em favor de atividades mais agradáveis. Outro obstáculo é a falta de um propósito claro, que pode levar à perda de motivação.

Superar esses obstáculos requer uma combinação de autoconhecimento, planejamento e compromisso. Definir metas claras e específicas, criar um ambiente que minimize distrações e estabelecer uma rotina sólidas são passos fundamentais para fortalecer a disciplina.

Construindo uma mentalidade samurai

Para construir uma mentalidade samurai, ou seja, autorresponsável, inabalável e disciplinada, é fundamental adotar práticas essenciais como planejamento, rotina, autocontrole, resiliência, e autoavaliação entre outras, a saber:

- Saiba que dias ruins são passageiros. Não deixe que eles sejam obstáculos para os seus sonhos. Vigie!
- Estabeleça um compromisso com a pessoa mais importante da sua vida: você.
- Não deixe que outras pessoas interfiram no seu objetivo. Ter disciplina também é nadar contra a corrente.
- Aprenda a amar a rotina. Afinal, sem a rotina não existe disciplina.
- Não tenha pressa. Por isso, dê um passo de cada vez, para que a disciplina seja parte do seu dia a dia de forma natural.
- "Só acaba quando termina": essa é a frase que define uma pessoa disciplinada. Sendo assim, enquanto a sua meta não estiver cumprida, não pare até conseguir.
- Crie estratégias para ser uma pessoa disciplinada: elimine vícios, maus hábitos, pessoas tóxicas e tudo mais que possa prejudicar o seu foco.
- Tenha em mente que ser disciplinado exige tempo. Por isso, se organize da melhor forma possível para colocar a disciplina em prática.
- Comece a gostar do processo e não somente dos resultados. Contudo, ter disciplina é saber construir seu castelo, pedra por pedra — e isso é incrível!

O recompensador caminho da disciplina

Embora a disciplina exija esforço contínuo e sacrifício, as recompensas são imensuráveis. O sentimento de realização, o progresso constante e os resultados concretos são frutos de uma vida disciplinada. A disciplina nos capacita a alcançar nossos sonhos e a viver uma vida de propósito e significado.

Novamente, disciplina não é algo que podemos praticar apenas quando nos convém. Não tira férias e não trabalha meio expediente. É um ato contínuo, um compromisso diário, como o ar que respiramos e nos faz crescer e alcançar o que realmente importa.

Aqueles que compreendem e abraçam essa verdade são os que, em última análise, alcançam o sucesso e a realização em suas vidas.

Registre aí e seja aquele que faz!

Ponto de reflexão!

1. Quais estratégias você pode adotar para manter a disciplina constante em sua vida, especialmente nos momentos em que a motivação está em baixa e os desafios parecem insuperáveis?

2. Como você pode identificar e superar os principais obstáculos à disciplina em sua rotina diária, garantindo que ela não funcione apenas em meio expediente, mas sim como um compromisso integral e contínuo?

O tempo não senta na mesa pra negociar com ninguém, siga o fluxo com disciplina.

Samurai *happiness* – um estilo disciplinado de ser feliz

A busca pela felicidade é uma constante em nossas vidas, o objetivo mais antigo do ser humano, conforme afirmou Aristóteles. No entanto, a percepção comum de que a felicidade é um sentimento passageiro ou um acaso de circunstâncias favoráveis pode nos desviar de um entendimento mais profundo, inclusive aos olhos da ciência da felicidade.

Gosto muito da percepção de que ser feliz é um estilo de vida, mas um estilo disciplinado de ser, para não confundir com "deixa a vida me levar", que pode nos remeter a uma vida um tanto quanto romantizada e irresponsável.

Frequentemente a disciplina é associada à rigidez e ao esforço, mas é na verdade a chave para uma vida plena e feliz. Porque felicidade não é facilidade, mas um compromisso, uma escolha pessoal e intransferível que demanda esforço e disciplina, nesse caso, não estou falando de acontecimentos pitorescos e casuais que também nos proporcionam felicidade.

A conexão entre disciplina e felicidade

Para muitos, a disciplina é vista como oposta da felicidade. Acredita-se que seguir regras rígidas e manter uma rotina constante pode limitar a liberdade e, por extensão, a alegria e a felicidade. No entanto, essa visão ignora a profunda satisfação e a paz que vêm de uma vida bem ordenada e intencional.

Considere a prática de exercícios físicos. No início, pode parecer uma tarefa árdua, especialmente nos dias em que a motivação está em baixa. Mas aqueles que mantêm uma rotina disciplinada de atividade física frequentemente relatam sentimentos de bem-estar, energia renovada e uma sensação de realização que transcende o mero esforço físico.

A disciplina de cuidar do corpo, portanto, se traduz diretamente em uma mente mais feliz e saudável. Essa prática, inclusive, é um dos pilares do construto da felicidade apontados pelos estudos desta ciência.

Disciplina na gestão do tempo e da felicidade

Um dos aspectos que dificulta cultivar a felicidade é a gestão eficaz do tempo. A disciplina na gestão do tempo nos permite dedicar momentos para atividades que realmente importam, sejam elas profissionais, pessoais ou de lazer. Pessoas disciplinadas conseguem balancear suas responsabilidades com momentos de prazer e descanso, evitando o estresse e a sobrecarga.

Maria Aparecida, uma profissional de sucesso e mãe de dois filhos, encontrou na disciplina uma ferramenta essencial para sua felicidade. Ao organizar seu dia com precisão, ela reserva tempo para seu trabalho, para sua família e, igualmente importante, para si mesma. Essa gestão cuidadosa não apenas aumenta sua produtividade, mas também lhe proporciona momentos de alegria e satisfação pessoal.

Hábitos positivos

A construção de hábitos positivos é outro pilar importante da felicidade e de um estilo de vida disciplinado. Pequenas ações repetidas diariamente podem ter um impacto monumental a longo prazo. Práticas como meditação, leitura, alimentação saudável e gratidão são movimentos que, quando incorporadas à rotina, contribuem significativamente para uma vida mais feliz.

Experimente adotar o hábito de escrever três coisas pelas quais você é grato todo dia. No começo, pode parecer uma tarefa simples e talvez sem grandes consequências. No entanto, com o passar do tempo, você percebera uma mudança significativa em sua perspectiva de vida.

Você passará a focar mais nos aspectos positivos da vida, desenvolvendo uma visão mais otimista e apreciativa do mundo ao seu redor.

A disciplina emocional

A disciplina emocional, ou seja, a capacidade de gerenciar nossas emoções e respostas diante de desafios, é crucial para o construto da felicidade. Aprender a controlar reações impulsivas, praticar a paciência e cultivar a resiliência são práticas que podem ser desenvolvidas com a disciplina.

Uma pessoa em um setor altamente competitivo enfrenta constantes situações de estresse e pressão. Ao trabalhar deliberadamente na sua disciplina emocional, aprendendo a respirar profundamente e a responder com calma em vez de reagir impulsivamente, encontrará um novo nível de paz e contentamento em sua vida profissional e pessoal.

Para integrar a disciplina em nosso caminho para a felicidade, é importante começar com pequenos e consistentes passos. Definir metas claras e realistas, manter um diário para monitorar o progresso e recompensar-se por pequenos sucessos são estratégias eficazes para cultivar disciplina e felicidade. Além disso, buscar o apoio dos amigos, familiares, cultivar relacionamentos qualitativos e ter mentores pode proporcionar encorajamento e responsabilidade ao longo da jornada.

A disciplina não é uma cadeia que nos prende, mas uma chave que nos liberta. É a fundação pelo qual construímos uma vida equilibrada, produtiva e feliz. Ao abraçar a disciplina como um estilo de vida feliz de ser, você descobrirá que a verdadeira felicidade não é um destino distante, mas uma jornada que podemos trilhar todos os dias com intencionalidade e propósito.

Ser feliz é em parte uma escolha diária e, mais do que isso, é um compromisso disciplinado com as nossas melhores versões. Ao entender que a disciplina e a felicidade caminham de mãos dadas, podemos transformar nossas vidas em uma sinfonia harmoniosa de propósito, realização e alegria.

Registre aí e seja aquele que faz, disciplinado e muito mais feliz!

Ponto de reflexão!

1. Como você pode aplicar a disciplina emocional em situações de estresse ou conflito para promover uma sensação de paz e contentamento?
2. De que maneira a gestão eficaz do tempo, por meio de uma abordagem disciplinada, pode aumentar sua produtividade e proporcionar mais momentos de alegria e realização pessoal?
3. Como a prática de pequenos hábitos positivos, como a meditação ou a gratidão, pode influenciar sua percepção de felicidade e contribuir para uma vida mais equilibrada e satisfatória?

_____
_____
_____
_____
_____
_____
_____
_____
_____

Felicidade é um estilo disciplinado de ser feliz.

Posfácio

Ricardo Bellino

"Desista de Desistir"

Ao concluir a leitura deste livro, *Pare de tentar & seja aquele que faz*, espero que a mensagem central tenha ressoado em você: a importância da disciplina, do fazer e da persistência em nossa jornada.

Muitas vezes, somos tentados a desistir quando os desafios parecem insuperáveis. No entanto, é precisamente nesses momentos que devemos reafirmar nosso compromisso de continuar, de fazer o que precisa ser feito até que alcancemos o sucesso. **A disciplina é o caminho do guerreiro**.

Em minha trajetória como empreendedor serial, nas últimas três décadas e meia, encontrei na filosofia Zen a sabedoria que mudou minha perspectiva. Aprendi o valor do não saber, da meditação sem expectativas e do desapego. Essas lições, adquiridas na verdadeira escola da vida, me transformaram em um "empreendedor samurai", capaz de vencer meu maior inimigo: eu mesmo. O impacto dessas lições foi tão significativo em minha vida, que decidi unir a sabedoria milenar do Zen ao meu espírito empreendedor, e criei um programa chamado Zenpreendedorismo.

O medo é um sentimento inerente ao ser humano, especialmente o medo de fracassar. Esse medo muitas vezes nos impede de agir, nos paralisa e nos faz evitar os riscos necessários para viver uma vida plena, próspera e feliz. Aprendi que precisamos enfrentar nossos medos, não deixar que eles nos dominem. É essencial correr os riscos que a vida nos impõe, pois só assim poderemos realmente viver.

No final desse filme que é a vida, todos nós enfrentaremos a morte. O que realmente importa é o que escolhemos fazer com nosso tempo aqui. Nossas decisões e atitudes edificam nosso legado, as lembranças que deixamos. Tornamo-nos imortais não por viver eternamente, mas por sermos lembrados pela forma como ressignificamos nossos medos e erros, transformando-os em virtudes e oportunidades.

Espero que este livro inspire você a **ser aquele que faz**, que enfrenta os desafios com coragem, disciplina e determinação, e que, ao final de sua jornada, você possa olhar para trás e ver uma vida vivida plenamente, repleta de realizações e significado. Que você também encontre a sabedoria do Zen em sua própria caminhada e que, acima de tudo, desista de desistir.

Essa é a disciplina de um samurai. Pare de tentar e seja aquele que faz.

Com gratidão,

Ricardo Bellino
Fundador e Mentor da Escola da Vida
@ricardobellino

Referências

Diálogos e contos de um samurai — Antônio Soares

O livro dos cinco anéis — Miyamoto Musashi

Por que nós dormimos — Matthew Walker

https://brasilescola.uol.com.br/biografia/nelson-mandela.htm

https://www.ebiografia.com/nelson_mandela/

https://fetems.org.br/fetems/dia-de-nelson-mandela-relembre-a-historia-do-lider-que-combateu-o-apartheid/#:~:text=Em%201993%2C%20Nelson%20Mandela%20e,um%20regime%20de%20democracia%20multirracial.

https://www.suapesquisa.com/biografias/gandhi.htm

https://psicologaluananodari.com.br/dia-da-nao-violencia-o-que-podemos-aprender-com-mahatma-gandhi/

https://www.f1mania.net/f1/relembre-30-fatos-sobre-a-carreira-e-a-vida-de-ayrton-senna/

https://www.mg.superesportes.com.br/app/noticias/esportes/2022/06/01/noticia_esportes,3970890/ayrton-senna-veja-16-frases-do-piloto-que-entraram-para-a-historia.shtml

https://vtmneurodiagnostico.com.br/2016/07/29/mudar-um-habito/

https://www.atlasvirtual.com.br/australopithecusafricanus.htm

https://observador.pt/2016/09/22/evolucao-humana-uma-grande-migracao-levou-o-homem-a-todo-o-planeta/

https://mundoeducacao.uol.com.br/biologia/homo-sapiens.htm

https://g4educacao.com/biografias/abilio-diniz

https://pt.wikipedia.org/wiki/Abilio_Diniz

https://economia.uol.com.br/noticias/redacao/2024/02/20/abilio-diniz-coisas-que-voce-nao-sabia.htm

https://www.cnnbrasil.com.br/saude/brasil-tem-86-2-da-populacao-adulta-acima-do-peso/#:~:text=A%20Pesquisa%20Nacional%20de%20Sa%C3%BAde,acima%20do%20peso%20em%202019.

https://www.gov.br/transportes/pt-br/assuntos/portal-da-estrategia/artigos-gestao-estrategica/autorresponsabilidade-um-conceito-poderoso-para-a-realizacao-de-suas-metas